脳が老いない

世界一シンプルな方法

AGING AND MINDFULNESS:
HOW MEDITATIONS CAN
CHANGE YOUR BRAIN

久賀谷 亮
AKIRA KUGAYA, M.D. / Ph.D.

ダイヤモンド社

はじめに──何歳からでも大人の脳は成長する！

「数年前に比べると、すぐ**集中力が切れる**……」
「同じ作業をしていると、**頭が疲れやすい**……」
「なんだか最近、**記憶力が落ちている**かも……」

こんな実感がある方はいらっしゃいますか？

「まあ年齢のせいかな……」
「もう若くないからね……」

大多数の人はそう自分に言い聞かせて、諦めているかもしれません。

しかしじつのところ、「**脳の老化はとめられない**」「**大人の脳は成長しない**」という通説は、近年の科学的研究では覆されつつあります。

つまり、「何歳になっても、脳は成長し続けられる」のです。

そしてそれには、**一定の方法**があります。

世界が「エイジング研究」に熱狂している

いま世界では、老い（エイジング）に関する科学的探究が盛んに進められています。

あのグーグルは、老化研究のベンチャー「キャリコ」を立ち上げました。

フェイスブックのザッカーバーグ夫妻も、寿命を延ばすことを目的とした研究に、年間400万ドル（約4億円）の賞金を用意しましたし、ペイパル創業者のピーター・ティール、オラクル共同設立者のラリー・エリソンなども、長寿を研究するベンチャーに莫大な額の寄付・投資をしています。

さらに、不老不死を正面から研究し、多額の投資マネーを集める米SENS研究財団の遺伝学者オーブリー・デ・グレイ博士は、「人間を1000歳まで生きられるようにする」という途方もないビジョンを掲げてさえいます。

なぜ、ここまで**老化の科学**（Aging Science）が脚光を浴びているのでしょうか？

「長持ちする脳」が欠かせない！

不老不死は人類の長年の夢でした。

ブッダが語った人間の苦しみ（生老病死）のなかにも「老い」は含まれています。

「老化」の問題は、私たちにとって「古くて新しいテーマ」なのです。

しかし、現代を生きる私たちにとっては、「老い」は別の意味でも大問題となり得ます。

たとえば今後、「人類の寿命は長期化していく」と言われています。

「人生100年時代」といった言葉も聞かれるようになりましたし、日本でも「定年後の働き方」や「セカンドキャリア」が避けては通れないテーマになっています。

今後は「60歳でリタイアし、家でテレビでも見ながら年金暮らし」は過去のものになり、何歳になっても学び続ける／働き続ける生き方が、より一般的になっていくでしょう。

もはや私たちに必要なのは、「**元気に動ける身体**」を維持することだけではありません。
脳を適切にメンテナンスし、「**長く使える脳**」をつくらなければならないのです。

しかも、脳の疲労からくる老化は20代、30代のうちからはじまっています。

日々のパフォーマンスも高めながら、「長距離走」にも耐えられるよう、自分の脳をケアすることは、現代人には欠かせないのです。

歳をとっても、なぜかずっと脳が若い人

私は現在、アメリカ・ロサンゼルス郡のメンタルクリニック「TransHope Medical」の院長として、人々の「心と脳の不調」を改善する活動をしています。

以前には、イェール大学で先端脳科学を学び、「脳の老化」について研究を続けてきましたし、日本では「終末医療」の現場にいたこともあります。

日本の平均寿命と健康寿命の推移

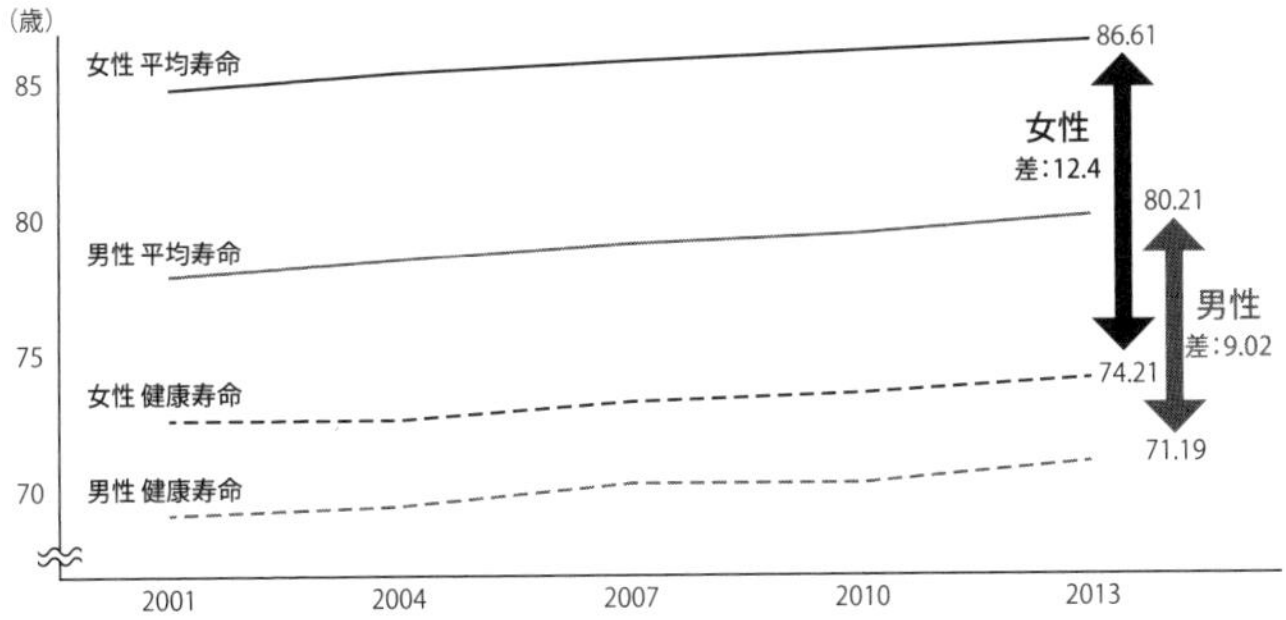

「健康寿命とのギャップ」は縮まっていない！

資料：平均寿命：2001、2004、2007年、2013年は、厚生労働省政策統括官付人口動態・保健社会統計室「簡易生命表」、2010年は、厚生労働省政策統括官付人口動態・保健社会統計室「完全生命表」
健康寿命：2001～2010年は、厚生労働科学研究補助金「健康寿命における将来予測と生活習慣病対策の費用対効果に関する研究」、2013年は、「厚生科学審議会地域保健健康増進栄養部会資料」（2014年10月）

「心と脳の現場」にいて日々感じるのは、「とにかく長生きできればそれでいい！」と考えている人は、それほど多くないということです。

ほとんどの人の関心事は、健康でいられる時間の長さ、いわゆる**健康寿命**でしょう。

健康寿命で大切なのは、身体だけではありません。脳も同じです。

いくら身体が若々しい30代でも、脳が50代レベルにまで老いていたらどうでしょう？

逆に、60代を過ぎても、40代の知的パフォーマンスを保っている人もいますよね？

その違いはどこから来るのでしょうか？

「脳の老化」を決める長寿遺伝子「テロメア」

近年のエイジング研究で無視できないのが、**長寿遺伝子「テロメア」**の発見です。

２００９年、アメリカの生物学者エリザベス・ブラックバーンらは、老化のカギとなるこの重大メカニズムを解明し、ノーベル生理学・医学賞を授与されました。

私たちの染色体は、二重らせん構造をした遺伝子が寄り合わさってできています。

染色体がほどけないように、その末端を留めているのが「テロメア」です。

靴ひもの先にある「プラスチックのキャップ」をイメージしていただくといいでしょう。

このテロメアの長さは、老化のバロメーターとなることがわかっています。

たとえば、新生児のテロメアを１００とすると、35歳では75、65歳では48くらいにまで短縮が進んでいます。

年齢は同じなのに、「ずいぶんと老けて見える人」と「やけに若い人」がいるのは、たいていの場合、テロメアが長かったり短かったりするのと関係があるのです。

長寿遺伝子「テロメア」とは?

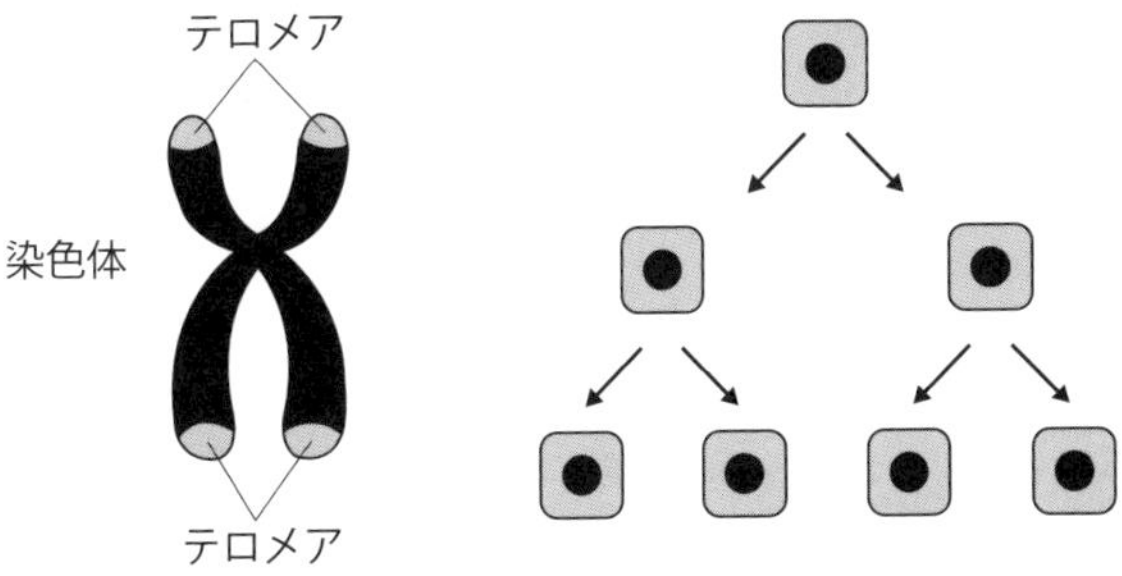

細胞分裂に伴い、テロメアは短くなる

当然ながら、「脳の老化」にもこのテロメアの長さが関わっています。

つまり脳を若く保つためには、この遺伝子構造を長いまま維持することが必要なのです。

実際、アルツハイマー病患者の脳を調べると、テロメア短縮が著しく進んでいるのが確認されます。

テロメアの長さを決めているのが、**テロメラーゼ**という酵素です。

適切な運動や健康的な食事、十分な睡眠など、巷で言われる数々の「アンチエイジング法」が有効なのは、これらがテロメラーゼ分泌やテロメア伸長を促すのと無縁ではありません。

一方、この酵素の分泌を促すうえで、いま、「あるもの」が注目を集めています。
それが何か、ご存知でしょうか？

「脳の若さ」を保つ、世界一シンプルな方法

答えは、**瞑想**です。とくに、欧米で大流行している**マインドフルネス**という瞑想法には、脳と身体に対する老化防止効果が確認されています。

・初心者でもたった6日間のマインドフルネスでテロメラーゼの活性が高まった
・8週間のマインドフルネスで大脳皮質の厚さが増した
・注意や感覚処理に関わる脳部位で、老化による脳の萎縮にも効果があった
・記憶に関する脳部位の密度が増加した

瞑想を適切なかたちで継続すれば、「**大人の脳でも成長し続けられる**」ということが、さまざまな科学的根拠とともに実証されつつあるのです。

そこで、今回まとめたのが、この『**脳が老いない世界一シンプルな方法**』です。

本書は、「老化の科学」のフロンティアをご紹介しながら、マインドフルネスをはじめとした、「脳の老化」を克服する具体的メソッドにまで踏み込んだ日本初の一冊です。

入門書として楽しみながら読んでいただけるよう、コミック＋小説のストーリー仕立てになってはいますが、本文中に登場する知見は、すべてアカデミックな研究の裏づけがあるものばかりです。

本格的に学びたくなった人のために、巻末には参考文献も掲載しておきました。

また、「とにかく『何をやればいいか』を手っ取り早く知りたい！」というお忙しい方のために、メソッドだけをまとめた図解パートも用意してあります。

まずはパラパラとめくっていただき、気になるところから読んでみてください。

日本のみなさんが「長持ちする脳」を手に入れるうえで、本書が多少なりともお役に立つことができれば、著者としても大変うれしく思います。

久賀谷《くがや》 亮《あきら》（医師・医学博士）

脳が老いない 世界一シンプルな方法

もくじ

はじめに——何歳からでも大人の脳は成長する！

まずはこれだけ！ 脳が老いない3つのメソッド

ナナのアイリス 脳の老いを乗り越えるストーリー

「老い」を克服する、最も確実な方法

Lecture 2

脳はこうして「劣化」していく

アミロイドβと脳の可塑性

Lecture 3 「認知」をめぐるエイジング・サイエンス
現代人が抱く「老化恐怖」の正体

Lecture 4

世界の「エイジング研究」最前線

運動・食事・睡眠・ストレス

Lecture 5

脳の成長がとまらない世界一シンプルな方法

瞑想で「雑念回路」を鎮める

Lecture 6
老化とは「脳の進化」である
老いのポジティブサイド

Lecture 7
脳を「停滞」させない最高のメソッド群
8つのライフ・マインドフルネス

Lecture 8
「脳の老い」を乗り越える
怯える扁桃体とメメント・モリ

まずはこれだけ！
脳が老いない3つのメソッド

「とにかく何をやればいいのか知りたい！」という方のために、

「①毎日できること」「②運動中にできること」「③食事中にできること」

の３つに絞って、本書のエッセンス部分を厳選しました。

最後まで読み終えたあと、「おさらい」としてもお読みいただけます。

脳が老いないメソッド

1

毎日できること——マインドフルネス呼吸法

脳の疲労を取り除く、すべての瞑想の基本形

ここに効く！

- ・ストレス低減
- ・雑念の抑制
- ・集中力
- ・記憶力の向上
- ・感情のコントロール
- ・免疫機能の改善

① 基本姿勢をとる

・椅子に座る（背筋を軽く伸ばし、背もたれから離して）

・お腹はゆったり、手は太ももの上、脚は組まない

・目は閉じる（開ける場合は、2メートルくらい先をぼんやり見る感じで）

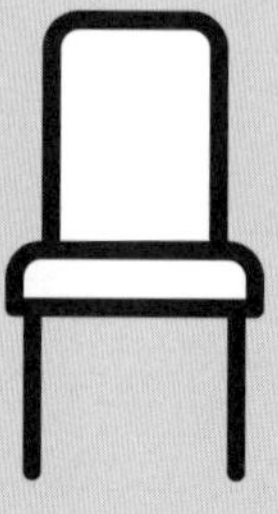

詳しくはこちら

P.172~

② 身体の感覚に意識を向ける

・接触の感覚（足の裏と床、お尻と椅子、手と太ももなど）
・身体が地球に引っ張られる重力の感覚

③ 呼吸に注意を向ける

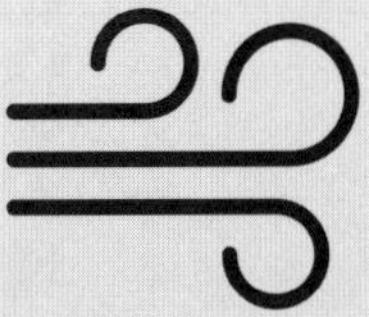

・呼吸に関わる感覚を意識する（鼻を通る空気／空気の出入りによる胸・お腹の上下／呼吸と呼吸の切れ目／それぞれの呼吸の深さ／吸う息と吐く息の温度の違い…など）
・深呼吸や呼吸コントロールは不要（鼻呼吸がオススメ。呼吸が向こうからやってくるのを待つ）
・呼吸に「1」「2」…「10」とラベリングするのも効果的

④ 雑念が浮かんだら…

・雑念が浮かんだ事実に気づき、注意を呼吸に戻す（呼吸は「意識の錨」）
・雑念は生じて当然なので、自分を責めない

ワンポイント

・毎日10分程度、習慣として継続する
・心の状況に合わせて、メッタ（208ページ）やエクアニミティ（223ページ）と組み合わせるのもオススメ

脳が老いないメソッド

2

運動中にできること——マインドフル・インターバル

運動は「脳の萎縮」にも効果あり

ここに効く！

- 記憶機能アップ（脳の容積増）
- 脳内老廃物の除去
- 細胞老化を防ぐ
  抗酸化物質を増やす
- アルツハイマー病予防

① 2種類の運動を使い分ける

- 中強度（＝最大心拍数の60％程度）の有酸素運動を40分くらい継続する。ウォーキングを40分程度×週3回がベスト
- インターバル・トレーニング。たとえば、3分間速めのスピードで走って3分間休む（または歩く）を4セット行う
- 腹囲とヒップの比率は、重要（＝お腹まわりが太っているほど、テロメア短縮のリスクは高まる）

詳しくはこちら
P.129～

② マインドフル・インターバル

- ランニング／ウォーキングの途中で速度を落とし（あるいは立ちどまり）、血液が手足の末端へ移動する感じや、呼吸が鎮まっていくときの変化にも注意する
- 自分を追い込むのではなく、自らをケアする。過去の自分のパフォーマンスと比較しない。その日の体調に合わせる
- 運動に伴うつらさを「鳥の目」で自分の外から眺める（幽体離脱のように）

③ ムーブメント瞑想

- ラジオ体操、ヨガ、気功、太極拳など、スローなエクササイズを取り入れる
- エクササイズの目標があっても、「残りがあとどれくらいか」などと先取りしない
- 歩行に伴う身体の感覚（両脚の絶妙なコーディネーション、両足が地面を蹴る感じ、筋肉・関節の動き、体重移動の感覚など）に注意を払う

ワンポイント

・お風呂・シャワー・歯磨き・化粧・ヘアセット・着替えなどの身づくろいの際に、身体の動きに意識を向けるのも効果的（ストレスホルモン抑制による美肌効果も）
・ウエイト・トレーニングによる筋肉増強には、テロメア伸長効果は見られない。適しているのはあくまでも有酸素運動

脳が老いないメソッド

3

食事中にできること——マインドフル食事術

「食べるもの」だけでなく「食べ方」を変える

ここに効く！

・肥満・メタボ予防
・過食抑制
・酸化ストレス除去
・テロメア伸長

①「食べる」を意識する——食事瞑想

・食べる前に「なぜ食べたいか？」を意識する。食べ物の見た目・匂い・温度・触感などに注意を向ける
・子どものように食べることに好奇心を持つ
・食感、温度、味の変化なども味わい、食材の由来にも思いを馳せる

詳しくはこちら
P.134~

②「依存」から抜け出す――RAIN

- 必要以上に「食べたい」「飲みたい」の渇望感（クレーヴィング）がないか、それを満たしたとき、身体にどんな変化があるかを確かめる
- クレーヴィングが強いときは、「渇望感を認識する（Recognize）」→「それを受け入れる（Accept）」→「身体の変化を検証する（Investigate）」→「言葉にする（Note）」の4ステップを意識

③ 食品を選ぶ――マインド・ダイエット

- 以下の食習慣をできるだけ取り入れる
- [1] 全粒穀物は少なくとも1日3食、緑の葉物野菜とその他の野菜を1日1回は摂取する
- [2] 間食などにナッツをほぼ毎日取り入れる
- [3] 豆類は1日おきに摂取する
- [4] 週2回以上は鶏肉やベリーを摂取する
- [5] 魚は少なくとも週に1度摂取する
- [6] 毎日グラス1杯のワインは追加可能
- [7] オリーブオイルをふだん使う油にする
- [8] バターは1日大さじ1杯未満
- [9] チーズ、ファーストフードや揚げ物は、1つでも週に1食未満

ワンポイント

・オメガ3脂肪酸を多く含む食べ物（サケ・マグロ、葉物野菜）も注目されている。抗酸化作用があり、テロメア短縮を32％防いだというデータあり
・食事についてはエビデンスが怪しい情報、はっきりしていないこともかなりたくさんあるので要注意

ここからは「老いの科学」のフロンティアと、
「脳の老化」を防ぐためのメソッドを物語形式でお伝えしていきます。
舞台はアメリカ・コネティカット州にある、とあるシニアハウス――。
プロローグ部分はマンガ形式でお楽しみください。

ナナのアイリス

脳の老いを乗り越えるストーリー

人間
歳をとったら
終わりよ
ね？
美羽《ミワ》ちゃん
母の声が
聞こえた気がした
ザァァ
なるほど…
そうかもね
あいつ…
別れた男・サトシと
ばったり会ってしまった
めちゃくちゃ
かわいい子を
連れてた
たぶん
20代前半
アプリで
盛らなくても
素できれい

思わず柱に隠れる元カノ36歳
年上が好きって言ってたのに…
同年代の子ってどうにもノリが合わなくて…
ミワさんくらい年上のほうが僕には合ってるんだと思う
嘘つき…!
無理もない
彼はまだ25歳なのだ
私が33歳のときにつきあい始めた
彼は当時社会人1年目
仕事に慣れてきたらまだまだ遊びたくなったんだろう…

別れを告げられたとき
半狂乱になって問いつめたがサトシは何も答えようとしなかった
「どうせ若くてかわいい他の子が好きになったんでしょ？」と散々なじったが…
まさか図星だったとは…！
認めないといけない
向き合わないといけない
あいつ《サトシ》が認めなくても結局そうなんだ
私は「若さ」に負けたのだ

葉月《はづき》先輩
ん――…
葉月先輩!!
先輩
聞いてます?
え…?
ああ…まただ
最近頭がボーッとして
集中力とか記憶力も
落ちたみたいなのよね
例の
「エイジング・
シミュレーター」の
改良版が上がって
きたので試して
もらいたいんですが
…
私・葉月美羽は
とある外資系メーカーの
研究開発部門に勤める
エンジニアだ

いま手掛けているのが日本で一、二を争うコスメブランドとの共同プロジェクトで動いているエイジング・シミュレーター
自分が高齢者になったときの外見をコンピューターグラフィックスで自動的に描き出すマシンはすでに化粧品店の店頭でも導入されている
その名も『エルピスⅡ』だ
数十年後の年老いた自分の姿にショックを受けた消費者は
ゾォォォ

アンチエイジング意識に目覚め
化粧品を購入せずにいられなくなるというわけだ
いっけなーい
あれもこれも
聞くところによるとこの装置の販売促進効果は上々なのだという
エルピスⅡはVRゴーグルに対応したエイジング・シミュレーターとして開発が進められている
本人の3Dデータを撮影し、プロフィールを入力したあと
特殊なゴーグルを装着すると
仮想空間で「年老いた自分」と対面することができる
ぎゃー!!
試作品第1号では若い女性社員が悲鳴をあげていた…

効果が強すぎて、むしろ精神的ストレスを与えてしまうという指摘を受け、改良したのがこの第2号だ
実はオレもう試してみたんですけどめちゃくちゃリアルっすよ
ほんとよくできてて「どこのクソジジイだよ!」って思っちゃいましたから
ってオレなんですけどっ
開発者である自分が言うのも変だが
本当に・・・・・不愉快な装置だ
スゥー
そっ・・・
私の3D画像データは以前に取り込んである
電源を入れると醜い老婆が立ってこちらを見ていた

ブブブ…
う
ママからだ
あ　ミワちゃん？
元気～？
あらっ
まだ仕事中？
仕事がんばりすぎちゃダメよ～
まさかまた徹夜とかしてないわよね？
ダメよ～
睡眠不足は本当にお肌に悪いんだから
シミとか増えてきてない？
シワは？
ペラ
私の知り合いのクリニックならボトックスも安くやってもらえるわよ
ペラ
この人…
ほんっと若さを保つことにしか興味ないよね…!!
娘の話も聞かずにペラペラと…

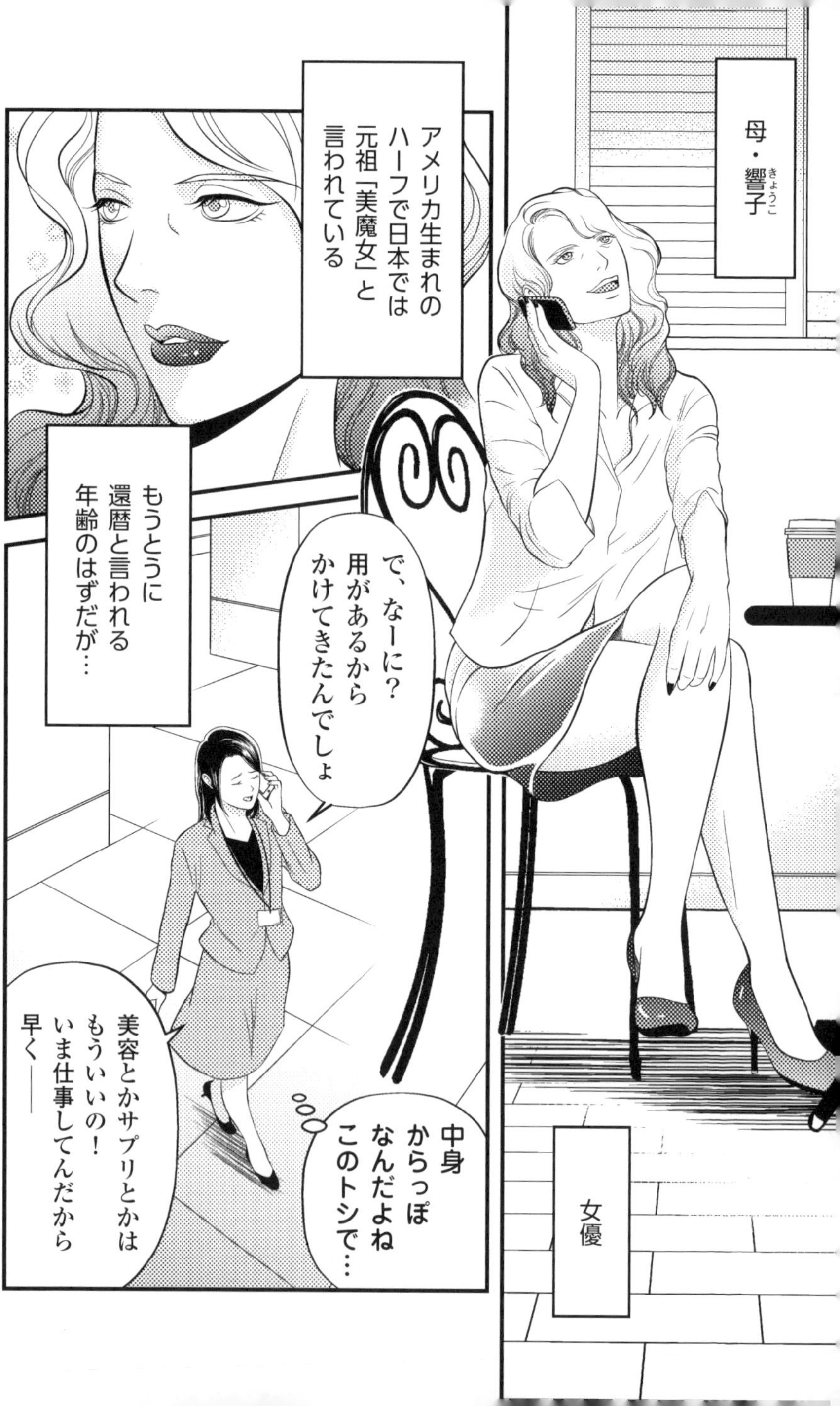
母・響子《きょうこ》
女優
アメリカ生まれのハーフで日本では元祖「美魔女」と言われている
もうとうに還暦と言われる年齢のはずだが…
で、なーに？用があるからかけてきたんでしょ
中身からっぽなんだよねこのトシで…
美容とかサプリとかはもういいの！いま仕事してんだから早く——

え？
おばあちゃんが？
そ
ミワちゃん
ナナ！
「ナナ」というのは英語で「おばあちゃん」という意味だ
母は父と早くに別れ仕事で留守がちだったので私は祖母に育てられたようなものだ
アメリカでシニアハウスに入ったって……
どうしたの？どこか悪いの？
とくに何も聞いてないけど…「心配はいらないから」って言ってたし大丈夫じゃないの？

おばあちゃん《ナナ》が──
彼女は人生を芸術に捧げたアーティストだった
20代で単身ニューヨークへ渡り
絵画や陶器などの分野で世界的に評価された
その後コネティカット州でアメリカ人男性と知り合い
一人の女の子（私の母だ）を出産してからも気鋭のアーティストとして活動を続けていったらしい
あのおばあちゃんがシニアハウスに…？

うーん
ピンとこない…
じゃね！
一応伝えたわよ
え？
ちょっと待ってよ
ママー
プツッ
母は…
自分のことにしか
基本興味がない
…というか…
……
シニアハウスなんて
見たくないんだろうなぁ
ゴオォォォ
話聞くのもヤダ
…みたいな…

母からの電話のあと
私はサバティカル（長期休暇）を取りアメリカへ飛んだ
『エルピスⅡ』の開発は順調で私がいなくても仕上げられる局面に来ていたし
サトシとの別れ以来仕事に身が入らなくなってもいたからちょうどいい機会だったのだ
あそこだ…シニアハウスっぽくない建物…
電話したら「ミワちゃんに会える!!」って喜んでくれたし
きっと元気よねおばあちゃん
Welcome!

ミワだね
話は聞いてるよ
はじめまして
『エターナル』へようこそ
僕はカルビン
ここの管理人のうちの一人だ
わざわざ日本から来たんだって？
きみのおばあちゃんアキコのところまで案内するよ

ここにはだいたい 20～30人くらいの 高齢者が滞在している
70代の人もいれば 90歳を超えた人もいる
身体に自由がきかなくて 介護が必要な人もいるし
もの覚えがちょっと あやしくなってきた 人もいる
その点は 大きな規模の シニアハウスと 変わらないよ
ただひとつだけ 大きく違うのが 異世代交流を 取り入れてる ことだね
異世代交流？
高齢者だけで 集まっているのは どうしてもよくない
そこでここでは 若者たちも 共同生活をしているんだ

なんと若者たちの家賃はタダ！
その代わり入所している高齢者たちと定期的にコミュニケーションをとったり
ハウスの手伝いをすることが義務づけられている
なるほど…それが高齢者たちにとっていい刺激になっているわけですね
そのとおり！
いま僕たちがいるのがシニア棟
ここを抜けて
そこの短い廊下をわたるとジュニア棟がある
入居者たちはそこの廊下を『Styx』と呼んでいる
Styx《スティクス》？

Styxってのは ギリシャ神話に 出てくる川の名前さ
生者の世界と 死者の世界を 隔てている川だよ
つまり『三《さん》途《ず》の川』か…
もしよければ ミワも『川』の 向こうに 住んでみない？
もちろん 強制は しないけどね
さぁここが 入所者たちが過ごす デイルーム
ほら あそこにミワの おばあさんがいるよ

？
おばあちゃん どこ…？
ザッ
アキコ！ ミワが日本から 来てくれたよ
え…
おばあちゃん ……？
うそ… すごく 小さくなっちゃって トレードマークの ポニーテールは ……？
そ それに凛とした エネルギーが ない――
え？ あら！
ミワちゃんじゃ ないの！
どうして ここにいるの？
えっ…
やだ！ 来る前に 電話で話したこと 忘れてる!?

ぎゅっ…
ミワ、どうか気を落とさないで
今日のアキコはたまたま調子が悪かったんだよ
いつもは僕たちの質問にもはっきりと答えてくれる
記憶が…
つい先日まで「孫が会いにくるんだ」ってみんなに自慢していたんだから
認知症の症状が出てるのか…
あのおばあちゃんに……

ありがとう
カルビン
大丈夫よ
ぐすっ
私もう
帰るわね
帰ろう…
こんなところにいたくな――
ドキッ
えっ…
人間
歳をとったら終わりよ

VRのなかの
私
ドサッ
50年後の——
いやだ
ママみたいにはなりたくないってずっと思っていたのに…
シワが
結局
「老い」が怖い——
シワ!

ミワ
大丈夫かい？
きっとフライト疲れもあったんじゃないかな
貧血か何かだと思うけれど…とにかく今日はここでゆっくりしていけばいいよ
あんな幻覚を見るなんて…
カルビンの言うとおりよっぽど疲れていたんだ…
あ、こちらはスコット
僕と別れたあとエントランスで倒れているきみをたまたま見つけて知らせてくれたんだ
先週から入所したばかりの「新人」だよ
ずいぶんと小柄なおじいさん…
ありがとうスコット

きみは老人が嫌いで
仕方がないんじゃな？
そっ
そんなこと
ありません！
そうかそうか
見ればわかる
でも
老いるのが怖い
んじゃろ？
なっ…なんですか
いきなり！
助けていただいたのは
感謝していますけど
ちょっと失礼じゃ
ないですか！
そりゃそうですよ
歳をとるのは
イヤですよ！

じわっ…
女性なんだし当たり前じゃないですか！
何かいけませんか?!
そう怒らんでくれ
きみはアキコのお孫さんじゃろ？
実を言うとわしはアキコの古い友人なんじゃ
これが…私とスコットとの出会いだった
彼との出会いが私の「エイジング」を大きく変えることになるとはこのとき想像もしなかった

老いは人生最大の呪縛のひとつだ

でも、人はそこから自由になることができる

これは私が「老いからの自由」を得るまでの話だ——

Lecture 1

なぜかずっと若い人、すぐに老ける人

「長寿遺伝子」と「老化」の科学

「醜いかい?」

〝エターナル〟のダイニングスペースで朝食をとっていると、話しかけてくる声があった。スコットとかいう昨日の老人だ。

帰りがけに失神して、ゲスト用の宿泊ルームに運び込まれた私は、カルビンの好意でそのままここに1泊していくことにした。まだ時差ボケが残っているせいで早朝に目が覚めてしまったが、ここでは朝5時から食事が用意されるという。

そう、年寄りの朝は早いのだ。まだ薄暗いというのに、たくさんの老人たちが起き出してきて、もそもそと食事をとっている。祖母はまだ眠っているようで、彼女の姿は見えなかった。

「老人はさぞ醜く見えるじゃろう?」

何も返事をしなかった私の心を見透かしたように、スコットがもう一度聞いてきた。私はふうっと息を吐いて答える。

「ええ、まったくそうね」

私は少し離れた窓際の席に一人座っていたが、彼らがスープを舐めるピチャピチャという音や、咳払いや鼻をすする音が聞こえてくることに内心イライラしていた。どうして歳をとった人間はこうもみっともないのだろう。

「それはそうと、昨日は本当にありがとうございました」

話を切り上げる意図もあって、私はスコットに改めて深々と頭を下げた。老人は独特の奇妙な笑い声をあげたあと、うなずきながら語りはじめた。

「いやいや、礼には及ばんよ。その代わりに……というわけじゃないが、もしよければ朝食後にわしの部屋でお茶でもどうじゃ？」

「……？」

私は一瞬固まったが、即座に得心がいった。「助けてやったんだから、部屋に来て話し相手になれ」というわけだ。図々しい話だが、こちらも世話になったのは事実。相手は自分よりも小柄なシワくちゃの老人であり、いざというときは自分で身を守れるという自信もあった。

私はスコットの誘いに笑顔で応じた。ここで付き合っておけば、借りは返したことになるはずだ。

「……ええ、喜んで――」

「老い」を克服する、最も確実な方法

彼の部屋に入って最初に目についたのは、両側の壁に設《しつら》えられた大きな書棚だった。そこにぎっしりと詰め込まれた書物を眺めていると、シニアハウスの一室というよりは、大学の研究室を訪ねたような気分になる。

「なんだかニューロサイエンス関係の本が多いのね」

私の言葉には返事をせず、スコットはゆったりとした動作で、テーブルの上に置かれた2つの湯呑みに急須で緑茶を注いだ。日本人である私に配慮してくれたのだろうか。

「昔、日本で買った。わしのお気に入りなんじゃよ」

彼はそう言って湯呑みを傾ける。お茶を飲み込むとき、喉ぼとけが不気味に動いた。羽をむしったニワトリを思わせる首筋だ。横長の顔に大きな目玉。髪の毛はまばらだが、頭部は大きく脳が発達しているのがわかる。改めて観察してみるとじつに奇怪な風貌の老人で、私はいつのまにか、幼いころに見た妖怪図鑑のイラストを思い出していた。

「……で、どうしてそんなに老いることが怖いんじゃ？」

この老人、本当にしつこい。半ばうんざりしながらも、招かれた立場である以上、それ

なりに話を合わせるしかなさそうだ。

「母の影響が大きいかもしれないわ」私は答えた。

「彼女は日本ではちょっとした有名女優なんだけど、自宅では『アンチエイジングの鬼』なの。あの母親を間近で見て育てば、誰だって歳をとるのが怖くなるはずよ」

「ほう、アキコの娘がな……。そうかそうか。それは無理もないかもしれんな」

「顔にシワやたるみができて、髪が白くなって、足腰が弱くなって。目や耳もダメになる。知らないうちに記憶力も落ちていくし、自分のことがわからなくなっちゃう人だっている。そうして周りから疎《うと》んじられて、誰にも振り向かれないで孤独のまま死んでいく……歳をとっても、いいことなんて一つもないと思うわ」

スコットはくしゃくしゃの笑顔でうなずいた。

「それにしても、ミワたちの世代は大変じゃな。ある統計によると、日本人の平均寿命は今後も10年ごとに1歳近く延びていく見込みらしいぞ。[*1] ミワが80歳になるころには、日本人の平均寿命はおそらく90歳を超えているじゃろう。これからそんなに長い期間、大嫌いな『老い』と一緒に過ごさねばならんとは、いやはや……」

私の憮然《ぶぜん》とした表情に気づいたスコットは、慌てて言葉をつなぐ。

「いや、冗談じゃよ。ただ、今日はせっかくじゃから、お茶に付き合ってくれたお礼に、『老いの不安』を克服するためのヒントを授けよう。

といっても、簡単なことじゃ。それは『相手を知ること』――。不安が起きるとき、そこには必ず、対象についての無知がある。老いるとはどういうことかをよく知らんから、老いの恐ろしさが水増しされるんじゃ。巷《ちまた》のアンチエイジングは、『老いとは何か』に目を向けないまま、そこから逃げ出すことばかりを教えておる。真のアンチエイジングは、老いを科学することからはじまるんじゃ」

なぜグーグルが「老化研究」に!?

ふと目線を上げると、スコットの目は独立した生き物のように私を射抜いていた。それまでの小柄な老人とは印象がまったく違う。

「老いを……科学、する？」

「そのとおり。**エイジング（老化／加齢）**は、いま最もホットなサイエンス・トピックの一つなんじゃよ。近年のブレークスルー・ポイントになったのは、カリフォルニア大学の**エリザベス・ブラックバーン**らの功績じゃな。彼女たちはこれにより、２００９年にノーベル生理学・医学賞を授与された。

エイジングが〝熱い〟のは、決してアカデミック領域だけじゃないぞ。あのグーグルの共同創立者ラリー・ペイジは、2013年に巨額資金を投じて、**キャリコ**（Calico）という企業を立ち上げた。これはエイジングとその関連疾患に関する基礎研究を行う会社じゃ。同社のCSO（Chief Scientific Officer：最高科学責任者）であるデイヴィッド・ボッツスタインは、老化細胞の特質を追いかけている。[*2]

キャリコのライバルとも言うべきは、非営利の**SENS研究財団**じゃな。彼らは、加齢を遅らせるだけでなく、人間を若返らせるための科学的手法をも提案しているぞ。[*3] そこのCSOである遺伝学者のオーブリー・デ・グレイ博士は、映像ドキュメンタリー『The Immortalists』のなかで『エイジングは病気である』『不老不死は夢ではない』とさえ断言している。彼によれば、すでにいまの60代のなかには、1000歳まで生きることになる人がいるのだそうじゃ。[*4]

興味深いのは、エイジングの科学には、さまざまな起業家やら投資家からのマネーが流れ込んでいることじゃな。これには理由が2つある。一つは、エイジングは研究のスパンが長くなるために、公的な研究費補助があまり期待できないということ。そしてもう一つは、人類の永らくの夢である**不老不死**につながるテーマだということじゃ。SENSなどに多額の投資をしているピーター・ティールは、不老不死の実現に本気で情熱を燃やしておるし、オラクル創業者のラリー・エリソンやフェイスブックのマーク・ザッカーバーグも、エイジングの研究に強い関心を示しておる」

ものすごい勢いでまくし立てるスコットに、私はすっかり圧倒されていた。

ノーベル賞に、グーグルに、ピーター・ティールか……。

たしかにそう聞くと、やはり「エイジング」は現代人たちにとっての最先端の関心事なのだと思わざるを得ない。

それにしても、エイジングをめぐる科学がここまで進歩していたとは……。老化に対する人々の恐怖を煽ろうと「エルピスⅡ」の開発に勤しんでいた自分が恥ずかしくなってきた。

老いは「伝染」する——細胞セネッセンスとヘイフリック限界

「ではここで、老化の一般的なメカニズムを押さえておくとしよう」

私が言葉を失っているのもおかまいなしに、スコットは立ち上がって「講義」を続けた。

そう、まさにこれは講義だった。「エロジジイ」とのちょっとした雑談にやってきたつもりが、いつのまにか私は、彼の話にグイグイと引き込まれている。

「ミワが大嫌いな『皮膚の老化』を例に取ろうか。そう、歳をとると皮膚にシワができ、ハリがなくなり、たるんでくる。なぜかわかるかな?

皮膚の表皮細胞は、それ自体が分裂を繰り返して、皮膚を新しく保ってくれる。しかし、その一部はやがて本来の機能を失ったり、さらに分裂することをやめてしまうんじゃ。これが**細胞のセネッセンス**(Cellular Senescence:細胞老化)じゃ。

体細胞が老化細胞に変化するのには、じつにさまざまな原因がある。たとえば、われわれが呼吸を通して取り込んだ酸素は、実際には細胞が消費しているわけじゃが、その際には**フリーラジカル**という物質が生み出される。これがダメージを与えること(**酸化ストレス**)で、細胞がセネッセンス状態に陥ることがわかっておる。これ以外にも、DNAの障害、ミトコンドリアの機能不全、紫外線・化学物質など、さまざまな原因が絡み合って、体細胞の老化が起きているんじゃ。

しかも厄介なことに、この老化は〝伝染〟する。老廃物やリポフスチンというゴミが溜まった老化細胞は、**SASP**(Senescence-associated Secretory Phenotype:細胞老化関連分泌現象）という炎症物質を出して、周囲の体細胞の老化をも促進してしまうからな。身体の一部だけでなく、全身で老化が進んでいく背景には、細胞レベルでこのようなメカニズムがあるというわけじゃな」

私の脳裏には、箱詰めのミカンの映像が浮かんでいた。一つでもカビが生えてしまうと、そのカビはあっというまに周りのミカンに広がっていってしまう。あれとまさに同じことが私の細胞で起きているわけだ。

「……ということは、体細胞の老化を引き起こすストレスをうまく回避すれば、若いお肌のままでいられるってこと？」

ようやく私にも質問を挟む余裕が生まれてきた。

「ある意味ではそういうことになる。ただ、じつを言うと、なかなかそう簡単にもいかんのじゃ。というのは、体細胞が分裂できる回数にも限界があるからな。この回数のことを**ヘイフリック限界**という。ヒトだと50回ぐらいの分裂が限界と言われておる。

興味深いのは、ほかの生物では例外があることじゃな。ヘイフリック限界を発見したレオナルド・ヘイフリックによると、チョウザメやアフリカワニなどの体細胞には、分裂回数の限界がないらしい。[*5] まあ、サメやワニに生まれ変わりたいかどうかは、人それぞれじゃが……」

また毒舌だ。日本語に「サメ肌」という言葉があるのは、まさか知らないと思うが……。

「分裂の限界を迎えた細胞はどうなっちゃうの？」

「ほとんどは老化細胞になり、やがては死を迎える。ヒトを含めた生物の体細胞は、自分の命を絶つように最初からプログラミングされているんじゃよ。このような自死メカニズムのことを**アポトーシス**という。誰が決めたのかは知らんが、これぱっかりは宿命というわけじゃな」

なぜ同年代でも「老けた人」と「若い人」がいるのか？——テロメア

「……スコット、今日はありがとう。なんというか……とても面白いレクチャーだった。おかげで老いの〝正体〟がよくわかったわ」

とはいえ、やはり老化を避けることなど不可能なのだ。期待した私がバカだった——。

そう思いながら私は、傍らのバッグを手に取った。

「これこれ、待ちなさい。まだ話は終わっとらんぞ。ここで登場するのが、ノーベル賞級の発見となった**長寿遺伝子**じゃ！」

「えっ？」立ち上がりかけていた私は、椅子に座り直す。

「ちょ、長寿遺伝子……？」

「不思議に思わんかね？　人間のヘイフリック限界はほぼ同じなのに、なぜ早く老ける人と、いつまでも若々しい人がいるのか？　つまり、細胞死や細胞老化のスピードを速くしたり遅くしたりしているのは、どんなメカニズムなのか？」

「それが、長寿遺伝子なの？」

「そのとおり。われわれの遺伝子が染色体という容器に入っているのは知っておるな？　この染色体の末端のキャップ、この部分の〝長さ〟こそが、じつは細胞の寿命や老化を左右しているんじゃよ。この末端の構造は**テロメア**と呼ばれている。

　細胞分裂を繰り返すたびに、染色体のテロメアはどんどん短くなっていく。要するに、テロメアが極限まで短くなった状態が、ヘイフリック限界だと考えられるわけじゃ。

　また、さきほど触れたＳＡＳＰのような炎症物質に晒された細胞では、テロメア短縮が起きていることも確認されているぞ。子どもと老人の体細胞を比較すれば、老人のほうがテロメアは短い。細胞の老化を防ぎ、長寿を実現するということは、テロメアを長く保つということとほぼ等しいんじゃ」

「染色体ってなんだか靴ひもみたいね。端についているプラスチックのキャップがテロメア。あれが段々と短くなっていって、最後はひもがほつれてしまう感じ」

「いいぞいいぞ！　テロメアを発見したブラックバーンらも、同じ比喩を使っておる」[*6]

65歳のテロメアは「赤ちゃんの半分以下」に短縮――テロメラーゼ

「重要なのは、なぜテロメア短縮のスピードに個人差が生まれるのか、よね？」

「うむ。そこで注目されたのが、**テロメラーゼ**という酵素の存在じゃ。テロメラーゼは、細胞分裂で失われたテロメアの修復を受け持っている。要するに、テロメラーゼがより多く分泌されるほど、テロメアは長く保たれるんじゃ。

細胞には分裂回数の限界があると言ったが、じつは皮膚や骨や神経などの細胞（分化細胞）のもとになる**幹細胞**は、半永久的に分裂することができる。幹細胞ではテロメラーゼが十分に分泌されているから、テロメアの長さが保たれているんじゃ」

テロメアとそれを修復する酵素……。

30代中盤に入った私のテロメアは、やはり短くなっているのだろうか。「美魔女」と呼ばれる母の細胞では、やはりテロメアが長いままなのだろうか。

テロメアはどれくらい短くなるか？

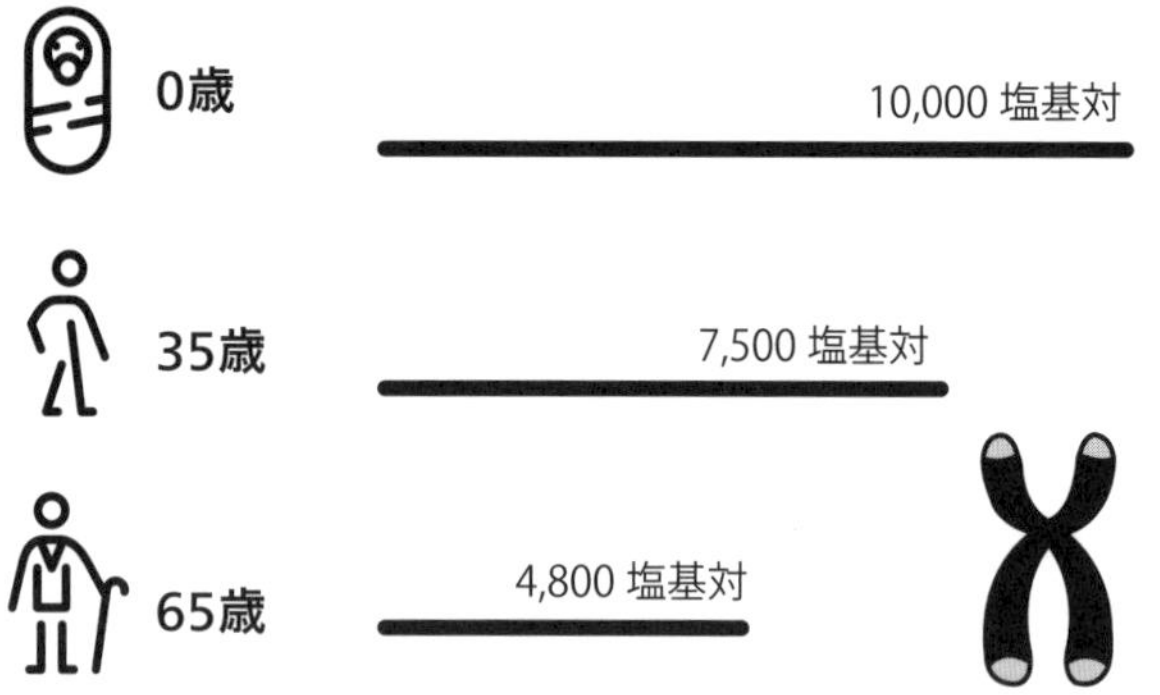

「テロメアは『長寿遺伝子』などと呼ばれたりもしているが、厳密に言うと、それ自体は細胞でも遺伝子でもない。染色体の一部であり、遺伝子と同じDNAの配列にすぎん。

ただ、通常の遺伝子はアデニン（A）、チミン（T）、グアニン（G）、シトシン（C）のさまざまな組み合わせから構成されているのに対し、テロメアでは**TTAGGG**という塩基配列の繰り返しがひたすら続くという特徴があるんじゃ。ちなみに、このTTAGGGの繰り返しは、新生児だとおよそ1万塩基対、35歳で7500対、65歳で4800対ぐらいになるとされているぞ」[*7]

私は「35歳」のところで、スコットがこちらをチラリと見るのを見逃さなかった。私のテロメアも、おそらく新生児の4分の3くらいになっているというわけか……。

「……ということは、テロメラーゼをしっかり働かせることが、現時点の科学に基づいて言える、最高のアンチエイジング術ってわけ!?」

「そういうことになる。実際、人の容貌とテロメアの長さは関連しておって、若く見える人はテロメアが長い傾向にある、という研究結果があるんじゃよ。*8

やや極端なことを言えば、テロメラーゼはテロメア短縮を遅らせたり防いだりするだけでなく、その時計の針を逆回しすることすらできる。まさに『若返りの酵素』というわけじゃ」

「若返り」と聞いた私は、思わず息を呑んだ。

テロメアのケアは「健康」にも不可欠――健康年齢と病気年齢

「テロメアの長さは、寿命の長さと関係している。ある意味では、テロメアは寿命のバロメーターなんじゃ」

私の頭に浮かんだのは祖母のことだった。あんなに生き生きとしていた祖母が、急に老け込んだのは、やはりテロメアの短縮が進んだからなのだろうか。

「寿命といっても、勘違いしてはいかんよ。多くの人は『寿命が伸びる＝長生きする』と考えとる。ここには要するに『死をどこまで先延ばしできるか』という観点しかない。しかし、いくら長寿であろうと、病気があって痛みに苦しんだり、ずっと寝たきりならどう思う？」

「私がまだ若いからかもしれないけど、そんなふうにダラダラと長生きするくらいなら、どこかでスパッと病気になって死んじゃったほうがマシかもって考えちゃうわ」

「つまり、よく考えると、人が本当に望んでいるのは健康年齢の長さ、つまり**健康寿命**が伸びることとなんじゃよ」

「健康年齢？」

「そう、病気がなく、健康でいられる年齢だ。日本人男性の健康年齢は平均71・19歳、女性は74・21歳（2013年）なのに対し、**病気年齢**は平均10年ぐらいだと言われる」[*9]

「えっ？　平均すると、死ぬ前に10年も病気をしているってこと⁉」

「しかも、われわれの額面上の寿命は今後も伸び続けていくと言われている。ベストセラーになった『ライフシフト』によれば、2007年に生まれた日本の子どもは、50％の確率で107歳まで生きるのだとか。[*10] まさに**人生100年時代**というやつじゃな。

いずれにせよ、そこでカギになってくるが、やっぱりテロメアじゃ。テロメアが長い人ほど、動脈硬化が少なかったという日本のデータもある。[*11] 細胞の老化を遅らせることで、糖尿病、がん、心臓病などの慢性疾患にかかりにくくなるんじゃよ。

ひとことで言えば、テロメアは寿命だけでなく、健康年齢とも関係する。テロメアが長いと、健康に生きられる期間も長くなる。寿命が伸びていくいま、現代人は『テロメアのケア』を避けては通れないんじゃ」

＊　＊　＊

「細胞の老化を防いでくれて、若々しい外見と健康な身体を与えてくれる……そんな夢みたいな秘密が、私たちの染色体の端っこに隠されていたなんて……なんだか感動したわ」

これは本心だった。適当に話を合わせておこうという当初の気持ちは、もはやなくなっている。

「うむ。この『長寿遺伝子』は不老不死という人類の悲願にもつながる可能性を秘めた大発見なんじゃ。

ところで……ミワはさっきから『身体』の老いばかりを心配しているようじゃが、こっちはどうじゃ？」

そう言って彼はツンツンと頭を指差した。

「の、脳みその老化……ってこと？」

「たとえば、20代のころに比べると、集中力や記憶力が落ちたという自覚はないかな？」

スコットはニコニコとしながら、私の痛いところを突いてくる。彼の言うとおりだった。昔だったら、何時間もぶっ続けで仕事に集中できたのに、最近はついほかのことを考えてしまう。勤務時間中に気が散ってしまいがちなのは、サトシに振られたことだけが原因ではなさそうだった。

「脳細胞にもテロメアがあるんですか？」

「もちろんじゃ！　そしてテロメア短縮は、脳細胞の老化ともダイレクトにつながっておる。テロメアが長い人は、記憶力も良好だったという報告もあるぞ。[*12] 脳細胞のテロメアを維持できていれば、たとえ年齢を重ねても、冴えた脳を維持できるんじゃ」

真っ先に浮かんだのは、やはり祖母のことだった。彼女には明らかにアルツハイマー病の症状が出ていた。出発前に「これから会いに行く」と連絡したのに、私が到着したときにはそのことをすっかり忘れていた。

それに昨日、私が近づいてもカルビンに言われるまで私のことに気づかなかった。記憶力だけでなく、認知機能も全体的に衰えているようだ。彼女のテロメアを修復することができれば、ひょっとすると……。


「スコット、脳の老化を食いとめる方法はないの？　あるなら教えて！」

老人は私の考えを読み取ったようだ。また甲高い奇妙な笑い声を立てている。

「まあ、焦るな焦るな。なんとかしたい気持ちはわかるが……今日はここまでじゃ」

そう言って彼はロッキングチェアから立ち上がり、部屋の奥にあるベッドに横たわった。

「……え？　ど、どうして？」

私の問いに彼は目を閉じたまま答える。

「それはもちろん……疲れたからじゃ！　年寄りにあまり無理をさせんでくれ」

「……！」

私は言葉を失った。人を世間話に付き合わせておいて、話すだけ話したら「疲れた」などと言って昼寝をはじめるとは……。これだから老人は嫌だ。

「また来週金曜のこの時間に会おう」

こうして私は〝エターナル〟入所を決めた（管理人のカルビンはずいぶんと驚いていたが……）。これから私は毎週スコットの部屋を訪ね、科学に基づいた究極のアンチエイジングを学ぶのだ。

私のアメリカ滞在は、思わぬ方向に急旋回をはじめていた——。

Lecture 2

脳はこうして「劣化」していく

アミロイドβと脳の可塑性

夕暮れのなかをイェール・シャトルが走っていく。秋の風が心地いい。

やはり自分の選択は間違っていなかったのだ。

〝エターナル〟近郊のニューヘイブンという街には、イェール大学がある。

祖母がシニアハウスに入所したことを知った私は、たまたまこの大学が企業研究員を募集しているという情報を見つけ、ダメ元でエントリーをしてみた。

イェールといえば、いわゆる「アイヴィー・リーグ」にも数え入れられるアメリカ屈指の名門大学だ。期待はしていなかったものの、なんと幸運にも受け入れの返事が届いた。だから私はこうしてアメリカにやってきた。

じつのところ、これこそが私のサバティカルの本来の目的だった。


イェール大学では、たとえば語学授業のカリキュラムを見ても、Akkadian（アッカド語：古代メソポタミアで話されていた言語）からisiZulu（ズールー語：南アフリカ共和国その他で話されている言語）まで、40カ国語以上の講座が開かれている。

これは世界各国から学生や研究者たちが集まっている証拠だと言っていいだろう。ニューヘイブンの街は、決して賑やかではないにしろ、世界トップクラスの知性たちの静かな熱気に満ちていた。

研究員としてお世話になるラボを訪ねた私は、メンバーたちからの温かな歓迎を受けた。ひととおりの挨拶を終え、学内を循環する無料バス「イェール・シャトル」に乗ると、これからの生活に胸が躍る一方、祖母への気がかりが頭のなかをぐるぐるとまわりはじめた。

変わり果てた祖母の姿――。先日の再会のときほどではないにしろ、祖母はやはりどこかぼんやりとしている。会話にも不自由はないが、ときどき噛み合わない場面があった。どんな聡明な人間も、歳をとるとああなってしまうのだろうか。

外面を磨くことにとらわれた母への反発もあってか、豊かな感性と明晰な知性を持った祖母のＤＮＡを受け継いでいることだけが、いつしか私の唯一の誇りになっていた。

「空っぽな人間になりたくない！　でも大丈夫。私にはナナ（おばあちゃん）の血が流れている！」

そうやって自分を鼓舞してきた私にとって、祖母の脳が著しく老化しているという事実は、地面が急に真っ二つに割れるかのようなショックだった。

「脳の劣化」は20代からはじまっている

「そうじゃ。脳も細胞でできておる。そして、エイジング（老い）とは、細胞のセネッセンス（老化）だというのは前回説明したとおりじゃな。つまり、身体の老いが気になる人は、脳細胞でもテロメア短縮が進み、脳の老化がはじまっている可能性が高いんじゃよ！」

挨拶もそこそこにスコットの講義がはじまった。

〝エターナル〟に入所した私は、約束どおり、前回の講義から1週間後の金曜日である今日、スコットの部屋を訪れていた。彼は満足げな表情でまた日本茶を淹れると、猛烈な勢いで話しはじめた。

「私の脳もそのうち老いていくのね……」

「甘い甘い！」スコットはどこかうれしそうに首を振った。それにしてもこの老人、何度見てもユニークな風貌である。

「脳のいくつかの機能は20代でピークを迎えるというデータもあるんじゃ。[*13] 20代後半から30代前半にかけて、記憶の能力だとか、未知の複雑な情報を処理する速度に陰りが出てくることもある。[*14] 注意力、抑制力、問題解決能力、柔軟性などにおいては、脳の機能低下はかなり早い段階で観察されるんじゃ。

40代、いやその前からでも、ちょっとしたもの忘れの兆候が見られる人も少なくないし、大規模な追跡研究では、パターンや原理を読み取る知的能力も、40代から低下しはじめると言われておる」[*15]

3人に1人が「脳の老化」で死ぬ時代

「正直、思い当たることはあるわ……」

私が答えると、スコットは大きくうなずいた。

「ミワぐらいの年齢でも、脳細胞のターンオーバー（入れ替わり）サイクルが低下したり、細胞内で炎症が起きたり、老廃物が溜まったりということは十分起こり得る。脳も身体も同じ細胞じゃからな。基本のメカニズムは同じなんじゃ」

スコットが指摘したとおり、私はこれまで「身体の老化」にばかりを目を奪われていた。しかしそれと同じくらい、いや、場合によってはそれ以上に大切なのが「脳の老化」なのだ。祖母の変化を目の当たりにしたいま、それをひしひしと感じる。

「身体の医療はずいぶんと進歩して、いろんな病気が治るようになってきた。その一方で、脳についてはまだ治療法が確立されておらん病気が山積みじゃ。

たとえば、2025年に日本の認知症患者は700万人を超えると推測されているのを知っておるかね？　また、脳のエイジングに伴う問題の最たるものが、**アルツハイマー病**じゃな。この長寿社会で、人々の健康寿命の維持を阻んでいるアルツハイマー病は、最近でも急増している。

2000年以来、アメリカでは心臓病による死亡者が14％減っているのに対し、アルツハイマー病による死は89％も増加しておる。いまだにこの病気には根本的な治療法が確立されておらん。[*16]

いまや、アメリカでは3人に1人のシニアが、アルツハイマー病あるいは認知症で亡くなっている時代じゃ。認知症への医療費や介護費用などの総額は、年間2770億ドル規模にも達しているという[*17]」

脳回路の不具合は「老廃物」が原因——アミロイドβとタウ

「身体のときと同様、脳についても老化を食いとめたり、脳を若返らせたりすることはできないの？」

私が問いを挟むと、スコットは目を輝かせながら人差し指を立てた。

「うむ。もちろん、そのための方法はある。しかも、根拠のわからない怪しげなものなどではなく、科学的にしっかりとした方法がな。だが、それを理解してもらうためにも、今日は『脳が老化する際のメカニズム』について話をしようと思っておったんじゃ。よいかな？」

この老人が気まぐれなのは、前回のレクチャーで確認済みだ。そのうちにまた「疲れた」とかなんとか言って、ベッドで眠りはじめるかもしれない。仕方なく私は流れに身をまかせることにした。


「脳というのは精密機器のように複雑な臓器じゃ。脳がコンピューターだとすると、マザーボード上の無数の回路パターンが神経細胞（**ニューロン**）だということになる。

脳を使い続けていると、ニューロンとニューロンのつなぎ目（**シナプス**）に、さまざまな老廃物が溜まってくる。その代表格が、ニューロンの表面にあるタンパク質から生まれる**アミロイドβ**《ベータ》じゃ。これは50歳よりずっと前から脳に溜まりはじめると言われておるぞ。*18

このアミロイドβというカスは、若いうちは逐次分解されて脳から一掃されるようになっている。睡眠にはこうした老廃物を洗い流す役割があるから、やはりよく眠ることは大切なんじゃな。

しかしなんらかの理由で、このアミロイドβの蓄積量が一定ラインを超えてくる。実際、老人の脳を顕微鏡で見ると、**老人斑**と呼ばれる茶褐色のシミが観察されるが、この大部分はアミロイドβだと言われておるんじゃ。

健康な高齢者の脳では25〜30％にアミロイドβ蓄積が見られるが、軽度認知障害の人（アルツハイマーほどではないが年齢相応よりも記憶低下などがある）では約60％、アルツハイマー病患者では90％にこのカスが溜まっているんじゃ」

「きゅ、90％にカス……。たしかに、そんな脳がまともに動くとは思えないわね」

祖母の脳に、たくさんの老廃物が溜まっているのを想像すると、胸が痛くなる。

スコットはものすごい勢いで、私の知らない知識をまくし立てていく。

レクチャー中の彼はいつもとはまるで別人だ。

「さらにもう一つ、脳の老廃物として注目されるのが、**タウ**というタンパク質じゃ。通常、タウはニューロンの形を整える役割を担っておるんじゃが、ニューロンが死んでしまうと、タウを含む骨格だけがカスとして残ってしまう（**神経原線維性変化**）。

タウの蓄積は、アミロイドβの蓄積よりも15年ほど遅れるため、より根本的な原因はやはりアミロイドβだという指摘もあるんじゃが[*19]、いずれにせよ、こうした老廃物が引き起こす脳の機能不全こそが、脳の老化現象にほかならないんじゃよ」

50歳と90歳、脳は150グラムの重量差！——人間の脳は萎縮する

「老廃物だらけの脳がうまく機能しないっていうのは、なんとなくイメージはつくんだけど、脳にカスが溜まることと、脳の動作に不具合が出てくることとって、実際はどうつながっているの？」

「いい質問じゃな、ミワ！」老人の目が輝きを増す。

「脳は老化に伴って、判断力・思考力・計算力・理解力・処理スピードなどを総合した認知機能を失っていく。しかし、アルツハイマー病などに顕著に見られるのは、やはり記憶力の低下じゃ。

ただし、記憶といってもいろいろじゃよ。人の名前などはもちろんじゃが、『外出するときに玄関のカギを閉めたかどうか』を覚えておく**エピソード記憶**、さらには買い物でお釣りを暗算するときに必要になる記憶（**ワーキングメモリ**）……これらの機能すべてが、加

50歳と90歳の「脳の違い」とは？

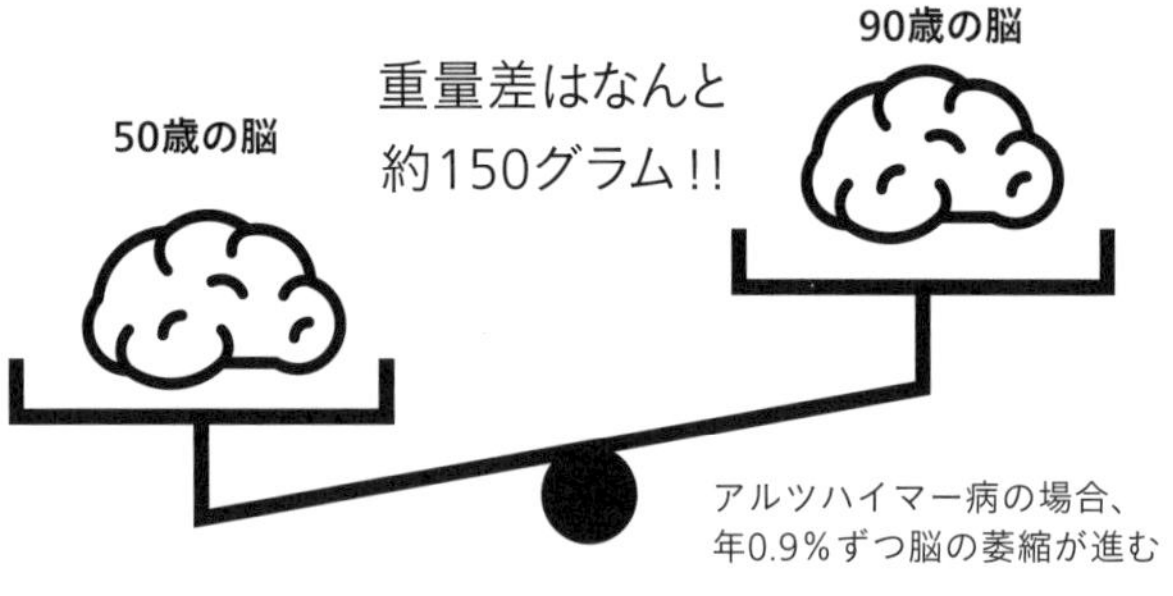

脳は老化に伴って、萎縮していく

齢によって低下することになる。

なぜ脳の老廃物の蓄積が、脳の機能低下につながるのか？　これにひとことで答えるとすれば、カスの蓄積は神経細胞の死を招き、ひいては**脳の萎縮**を引き起こすからじゃ」

「……そんなに小さくなっちゃうの？」

「いかにも。50歳の脳と90歳を比較すると、重さにして平均11％（約150グラム）の違いが見られる。健康な高齢者では年0・5％ずつのペースで脳が縮んでいくのに対し、アルツハイマー病患者では年0・9％ずつ萎縮しているらしい[*20]」

それを聞いた私は、スーパーで売っている150グラムのお肉を思い浮かべていた。

「ものすごい違いじゃないの！」

「ニューロンは一般に分裂しない。しかし、サイズが大きくエネルギー消費量も多いため、十分に世話をしないとたやすく死んでしまう」

「あ、それなら聞いたことがあるかも。脳細胞は死んだら戻らないいいいいいいって」

「それは部分的には正しいが、部分的には誤りじゃな。というのも、脳内にも幹細胞は存在していて、新たな細胞が生み出されることがわかっているからじゃ。

たとえば、記憶を司る部位として有名な海馬には幹細胞がある。しかし、老廃物の蓄積がひどいと、細胞が生み出されるペースよりも、細胞が死んでいくスピードがまさってしまう。その結果、脳が萎縮していってしまうというわけじゃ。[*21]

ただし、脳が小さくなることと脳の機能が落ちることとは、完全にイコールだというわけではない。脳の機能はそのサイズだけでなく、脳内の神経伝達物質やネットワークの状況など、複雑な要素が絡んでおるからだ[*22]」

「新しいことを学べない脳」は、どこにカスが溜まっている？

「脳の部位によって、カスの溜まり方や萎縮スピードにも違いがあることがわかっているぞ。たとえば、アミロイドβは外側の大脳皮質から内部の海馬へと向かって増えていくが、タウは逆に、海馬から脳全体に拡散していく。

記憶に問題のない70歳の人の3分の1にも、相当のアミロイドβ蓄積は見られるから、シンプルに『老廃物の蓄積＝認知・記憶の障害』というわけではない点にも注意が必要じゃな」

「『どんなカスが、どこに、どれだけ溜まるか』によって結果は大きく変わってくる、ということね?」

彼の話になんとかついていこうと、こちらも頭を必死にフル回転させる。スコットは満足げにうなずく。

「アルツハイマー病患者では、側頭葉と頭頂葉、後帯状皮質、そして後に前頭葉でアミロイドβの蓄積が観察されるが、より記憶機能と関連するのは、タウの蓄積のほうではないかと言われておる。

タウ蓄積の主戦場は海馬とその周辺の側頭葉で、海馬が担う**近時記憶**（数分から数日程度の記憶。エピソード記憶が含まれる）がダメージを受ける。より短い記憶である**即時記憶**には前頭葉や頭頂葉が使われておるし、昔あったことに関する長期的な記憶（**遠隔記憶**）の機能のほうは、側頭葉や大脳皮質のいろいろな場所にストックされておるから比較的保たれる。[*23] しかし、病気の進行とともにタウの蓄積が側頭葉や頭頂葉、そして大脳皮質全体に広がっていくにつれて、脳の機能は全面的に崩壊していくことになるんじゃ[*24]」

ここまで一気に話したところで、彼は手元の緑茶をすすった。つられて私も一緒にお茶を口にする。

「……脳の老化メカニズムが、ここまでわかっているなんて……正直、驚いたわ」

「脳の老いを引き起こす老廃物の存在は、それを測定できる技術が出てきて初めて注目されるようになった。その代表格がPET（Positron Emission Tomography：陽電子放射断層撮影）という画像検査じゃ。どれ、一つ面白いものを見せるとしよう」

スコットは手元のタブレット端末を操作して、動画を立ち上げた。

最初は紫色だった脳の断面画像だったが、いくつかの部分の色が次第に変わっていき、黄や赤の部分が増えていく。[*25]

「世界には、遺伝的に若くしてアルツハイマー病を発症する家系というものがある。発症率が100%の遺伝子型（APOE ε4）を持っている人たちがこの世には存在するんじゃ。この動画は、彼ら遺伝性アルツハイマー病患者の脳画像を、発症25年前から発症後10年までの35年間分、ずらっとつなげたものじゃ。色が変わっているところがアミロイドβの蓄積が見られる部位じゃな」

若くして脳が「劣化」する人たち──オートファジーとテロメア短縮

「す、すごい！　……ということは、こうやってアミロイドβの溜まり具合を調べれば、アルツハイマー病も予防できるってことなの？」

「理屈上はそうなるが、じつはＰＥＴは高価な検査なので、アメリカでもまだ臨床利用は一般化されてはおらんのじゃ。

それにまだまだわかっていないことは多い。そもそも、なぜ脳にそうしたカスが溜まるのかという基本的なところすら、十分に解明されているとは言えん。カスを分解する酵素の問題によるものなのか、ほかのメカニズムによるのか、要因はいくつかありそうじゃ。アルツハイマー病治療の専門家デール・ブレデセンというアメリカ人医師は、少なくとも36の原因がこれに関係するとしている。[*26]

あと、日本人ならヨシノリ・オオスミ（**大隅良典**）の名前は聞いたことがあるじゃろう。彼は、細胞内の老廃物を除去するシステム、いわゆる**オートファジー**の仕組みを解明したことで、２０１６年にノーベル生理学・医学賞を受賞することになった。細胞内に溜まるタンパク質の分解はリソソームという細胞小器官が担っているんじゃが、ここに異常が起きることでカスが蓄積し、細胞セネッセンスが進むのではないかと考えられている」[*27]

細胞セネッセンス！　これは先週のレクチャーでも登場したキーワードだ。

そういえば……と思った私はスコットに質問をした。

「脳の老化にも、やはり例の長寿遺伝子、テロメアが関係しているの？」

いつのまにか私は必死になりつつあった。身体の老いはなんとかごまかせても、脳の老いはそういうわけにはいかない。

「もちろん大アリじゃ。実際、若いうちから認知機能の低下が起きている人では、テロメアの短縮の傾向が見られる。[*28]

また、テキサス州ダラスに住む２０００人を対象にした脳画像の調査では、テロメアが短い人ほど、脳の萎縮が起きていることが示された。しかもサイズが小さくなっていたのは、海馬・扁桃体・側頭葉・頭頂葉など、アルツハイマー病で萎縮が見られる場所だったんじゃ。となると、テロメアの長さは脳の老化、ひいてはアルツハイマー病の発症に大きく関与している可能性が高い」[*29]

「え！　２０００人もの脳細胞のテロメアを調べたってこと？」

「いや、この調査では白血球を使っている。血液細胞のテロメアの長さは、身体全体のテロメアの長さを知るうえでの目安になるとされているんじゃ。

とはいえ、遺伝子のレベルでも、テロメアの短さとアルツハイマー病のなりやすさは、関連性が指摘されているぞ。たとえば、TERT（テロメア逆転写酵素遺伝子）とかOBFC1と呼ばれる遺伝子の特定の型は、テロメアを短くすることがある。そして、こうした遺伝子の型を持っている人は、統計的に見てもアルツハイマー病にかかる確率が高いんじゃよ[*30]」

「大人の脳は成長しない」は嘘だった——脳の可塑性と深層学習

「そんな……。子どもとは違って、大人の脳ってある程度のピークを迎えたら、あとは衰える一方だって聞いたことがあるわ。身体の老化はある程度のケアが可能だとしても、脳はひたすら老化を続けるしかない……とすると絶望的じゃないの！」

それを聞いたスコットは、ふうっと息を吐いて黙り込んだ。

間断なく脳科学レクチャーのマシンガンを打ち込まれるのもかなり疲れるが、いきなり黙られるとそれはそれで困る。

「……いいか、ミワ」老人は静かに語りはじめた。

「いまでも世界トップクラスの優秀な研究者たちが、日々、脳の老化のメカニズム解明に取り組んでいる。科学的データの蓄積は凄まじいものがあるよ。そこでわかっている重要なことが一つある。それは『脳は歳をとっても成長を続ける』ということじゃ」

「ええっ？　そ、そうなの？　聞いたことがある話とずいぶん違うような……。脳の成長って身長と同じようなものだと思ってたわ。ある時点でピタッととまってしまうような……」

「たしかに『脳は成長しない』という考え方は、どういうわけか世間にあまねく広まっているようじゃな。だが実際には、脳は自らを変えていく底力を持っておる。ダメージを受けて一部が損傷しても、その機能を補うように、まったく別の部位が新たな回路を形成することもある。

複雑な道で知られるロンドンのタクシー運転手は、決まった道を走っているバス運転手よりも海馬が発達しておるし、バイリンガルやミュージシャンなど、特殊な脳の使い方をしている人の脳にも、独自の変化が観察される。[*31] さらに、一定期間にわたって運動を継続した高齢者では、海馬の体積が増えていたという実例もあるぞ。[*32]

要するに、『歳をとると、脳は成長しなくなる』というのは完全な俗説なんじゃ。何歳になろうとも、人は学習や記憶を通じて、自分の脳を成長させていくことができる。結局のところ、脳の成長のために適切な行動をとるか、それとも、何もしないまま老化するに任せてしまうかの違いだけなんじゃよ」

「そうなんだ……大人の脳も意外と〝打てば響く〟んですね」

「そうじゃ。これを**脳の可塑性**《かそせい》(Plasticity)という。『年老いたら脳は劣化するしかない』というのは人間が限られた体験や知識からつくりあげた固定観念でしかないんじゃ。

海馬のニューロンが繰り返し刺激されると、情報伝達が強化される。ニューロンの形が変わってつながりが増えるんじゃな。これこそが記憶の一般的なメカニズム(長期増強効果)というわけじゃが、脳内で起きる物理的変化というのはじつはこれだけではない。たとえば、脳梗塞を起こした人の脳では、生き残ったニューロンがパワーアップして損傷した脳の働きを補うように形を変えていく。これも可塑性のなせる技じゃな[*33]」

「『脳には可塑性がある』か……。なんだか勇気が湧いてきたわ！　人間の脳はコンピューターとは違うってことね」

「いや、最近では機械の脳だって成長を続けていくぞ。囲碁にしろ将棋にしろ、AI

（Artificial Intelligence：人工知能）が何かを学ぶときに、いちいち人間がプログラミングしていては限界がある。そこで生み出されたのが、大量のデータをもとにＡＩ自らが学習を進めていくディープ・ラーニング（深層学習）という手法じゃ。[*34]

ＡＩのディープ・ラーニングは、人間の脳細胞が新たなつながりを形成し発達していく過程とよく似ている。そう、わしらの脳は、こちらが意識的には結びつけていない過去の経験や情報なども、いつのまにかどこかで結びつけ、学習したり、新たな能力に変えたりしている可能性があるんじゃ。何歳になっても、脳にはこの『学習のパワー』がある。だから諦めたりする必要はまったくない！」

「そしてテロメアが短くなったとしても、なんとかする方法はある、と？」

私が聞くと、スコットはニカッと笑顔になった。２つの目玉がいま一度、爛々と輝きはじめている。

「そのとおり。テロメアの短縮を食いとめたり、長さをもとに戻す手立てはある。『脳の老化は不可逆的である』などという決めつけは不要じゃ。できることは無数にあるし、それほど難しいことでもない」

＊　＊　＊

「ふう、今日は小難しい話をしすぎた」スコットは急に我に返った表情で言った。

「優秀な生徒を目の前にすると、ついつい話が長くなってしまうんじゃよ」

彼は少し照れたような表情を浮かべながら、いつもの変な笑い声を立てる。窓の外はもう真っ暗で、時計はもう22時を過ぎている。新たな刺激を大量に得たせいだろうか、私の頭はじんわりと心地よい疲労感に包まれていた。


スコットの部屋をあとにして、シニア棟からジュニア棟へと至る通路「三途の川《スティクス》」を渡っていると、向こうからカルビンがやってきた。

「やあ、ミワ。〝エターナル〟にはもう馴染んできたみたいだね。スコットの話し相手になってくれていると聞いたけど……あのじいさんは話が長いから、遅くまで付き合わされて大変だろう？　無理はしなくていいからね」

相変わらずカルビンはやさしい。私は横に首を振って答えた。

「いいのよ。むしろ、私が彼にレクチャーをお願いしているようなものだし」

「そうか。彼は相当なインテリだからね。ミワと話が合うのは不思議じゃない」

カルビンの言葉を聞いた私は、スコットの部屋を埋め尽くしているあの大量の本を思い出していた。

「……カルビン、ところで彼は何者なの？」

私の問いにカルビンは意外そうな顔をしたあと、ポツリと言った。

「あれ？　ミワにはまだ言っていなかったか。彼はイェール大学でずっと脳科学の研究をしていたんだ。その業界ではかなり有名な学者らしいよ。ミワもイェールの研究員だから、ずいぶんと奇遇な縁だね――」

Lecture 3

「認知」をめぐるエイジング・サイエンス

現代人が抱く「老化恐怖」の正体

10月だというのに、私たち2人はうっすらと汗をかいて、シニアハウス〝エターナル〟のデイルームに座っていた。

「はあ、はあ……疲れたー」

私はヘトヘトになっているが、スコットはご満悦の様子だ。


今日、約束どおりの時間にスコットの部屋を訪ねるや否や、彼は言った。

「今日は一緒にサイクリングを楽しむとしよう」

よく見ると、スコットはスポーツウェアに身を包んでいるではないか。彼が言うには、有名ブランドの最新デザインなのだという。老人らしからぬピンク色のウェアだが、小柄な体型のスコットにはやけに似合っていた。

表に出ると、はじめて見るタイプの自転車が用意されていた。座席が横並びに2つあり、それぞれにハンドルがついている。

「風を感じてごらん。心地いいじゃろ?」

1時間近くシニアハウス近郊を走ったと思うが、ペダルを漕いでいるのは私ばかりだった気がする。

「……ねえスコット、自転車とエイジングにいったいどんな関係があるっていうのよ？　もう、ほんとにヘトヘト……」

「ん？　自転車とエイジング？　関係なんかあるわけなかろう。前回は少々難しい話をしすぎたからな。今回は運動でリフレッシュ&リラックスしてレクチャーを聞いてもらおうと思っておったんじゃ」

「か、関係ないのっ!?」

そういうことなら、最初からそう言ってくれればいいのに……。

どうやらこの一風変わった自転車を私に見せたかっただけだったようだ。

「……ち、ちなみに、ロシアの文豪トルストイは67歳で初めて自転車に乗れるようになったそうじゃよ」

私の冷たい視線に気づいたのか、スコットはわざと何事もなかったように話を続ける。

「……これまでは身体と脳が老いていくときのメカニズムを説明してきたが、理屈はこれくらいにして、今回からは……」

「えっ？　いよいよ老化の防ぎ方？　それを待っていたのよ〜」

疲れも忘れて、思わず頬がゆるむ。何しろイェール大学で最先端の脳科学を研究していた人物が、科学的にいちばん確実だとされるアンチエイジングを教えてくれるのだ。

「こら！　早とちりするでないよ。身体と脳のエイジングを防ぐ方法は、また今度教える。それ以前に大切なのは、老いにどうやって向き合っていくかという〝心構え〟の話なんじゃ」

なぜ現代人ほど「老い」を嫌悪するのか――ジェロントフォビアの正体

「『老いは醜い』――ミワ、君はそう思っていると言っておったね？」

またこの質問だ。

「……ええ、そう思うわ」

老人のしつこさにはうんざりだったが、先日のように動揺することはなかった。これもスコットの講義のおかげなのだろうか。たしか彼は「真のアンチエイジングは、老いを科学することからはじまる」と言っていたっけ。

「うむ、素直でよろしい。そう思っているのは君だけじゃなかろう。ただ、『人はいずれ死ぬ』というのは真実じゃが、『人が老いることは醜い』というのは、同じ意味で真実かとい

日本の高齢者人口・高齢化率はどうなっていく？

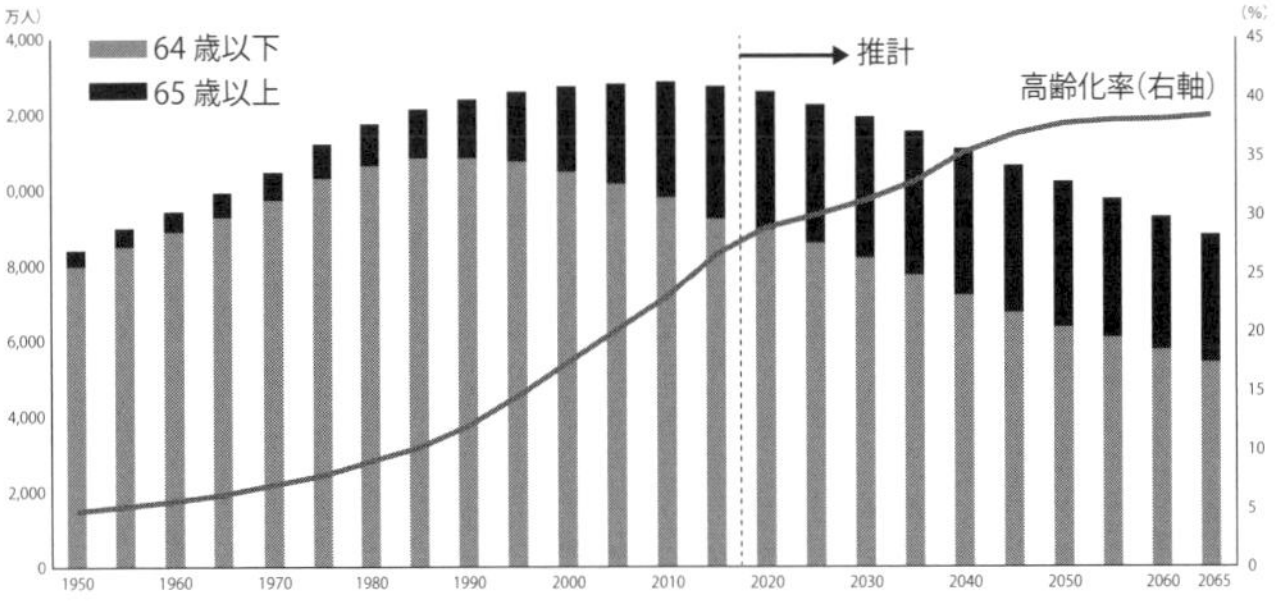

2065年には「全人口の38.4%が老人」の社会がやってくる!?

資料：2015年までは総務省「国勢調査」、2016年は総務省「人口推計（平成28年10月1日確定値）」、2020年以降は国立社会保障・人口問題研究所「日本の将来推計人口（平成29年推計）」の出生中位・死亡中位仮定による推計結果

うとそうではない。これは、人間の『解釈』でしかないからな。

　これが強化された結果が**ステレオタイプ**じゃ。まず注意が必要なのは、ステレオタイプの大部分は、自分のいる社会や育った文化、家族や友人、教育などに根ざしているということじゃな」

「……？　つまり『老いは醜い』というのは、私が自発的に抱いた考えではなく、外部環境のせいで、私がそう〝思わされている〟だけだってこと？」

「ほう、さすが物わかりが早いな。典型的なのは**高齢化**の影響じゃ。たしか日本の高齢化率（総人口に占める65歳以上人口の割合）は26・7％じゃとか……。*35　50年後にはミワも高齢者の仲間入りをしているはずじゃが、その

ときには高齢化率は4割近く（38・4％）になると予測されておる。[*36] こういう見通しがある社会で、『老人＝お荷物』という偏見が生み出されるのは、ある意味では自然なことだと言える」

「ええ、本当にそう思うわ。日本ではこれから労働人口もどんどん減っていくのに……。どうして若い世代が年寄りの面倒を見なくちゃいけないのよ！」

「まあまあ、そう怒るでない。さらには、家族形態が核家族化したことなんかも、原因としては考えられるな。いまの子ども・若者の大半は、『親より上』の世代のメンバー（つまり、おじいちゃん・おばあちゃん）と同居しないまま大人になってしまう。

老人と触れ合う機会がグッと減っているせいで、極端に偏ったステレオタイプが形成されやすいんじゃ」

「ずいぶんと日本のことに詳しいのね……」

「日本は世界トップクラスの長寿国じゃからな。老化を研究する者にとっては、非常に興味深い国なんじゃよ。とはいえ、アメリカでも状況はさほど変わらんが……。

その結果、老いや老人を嫌うばかりか、老いることに過度の恐怖を抱く人たちが増えとる。もちろん、その恐れを自覚しているかどうかは別の話じゃが……老いへの恐怖はアメリカでも顕著で、**ジェロントフォビア**（Gerontophobia：老化恐怖）という言葉まであるくらいじゃ」[*37]

年齢を気にする人ほど、老化しやすい⁉

老いへの恐怖か……。

VR空間で見たあの老婆の映像が、私の脳裏にちらつく。

「歳をとることに対する不安感は、すでに老いている人たちへの嫌悪や敵意を生み出す。これが高じれば差別にもなる。

前を走っている車のスピードが極端に遅かったりすると、『どうせ年寄りが運転しているんだろう』などと思ったりしたことはないか。あるいは、若い社員が年配の社員を極端に軽蔑したりしているのもそうだろう。これは弱者に対する一種の差別であり、**エイジズム**（Ageism）などと呼ばれる。自分のなかのエイジズムに気づくことが、老いの恐怖を乗り越える第一歩になると主張する専門家もいる」[*38]

スコットの話は正直、私にとっては耳が痛かった。

私はたしかに、どこかで老人たちを嫌悪し、軽蔑し、彼らに敵意を抱いてすらいた。そのネガティブな感情が、老いへの恐怖から生まれているにすぎないなんて……。

「で、でも……そんなにいけないことなの？　老いの延長線上には死があるし、それ以前に生殖能力の低下もある。だとしたら、老いに対する嫌悪感は、偏見である以前に〝生物としての本能〟に根ざしているんじゃないの？」

　スコットはゆっくりとうなずく。

「それはミワの言うとおりじゃ。老いへの恐怖の背後には、死への恐怖がある。そしてその恐怖を生み出しているのは、人間の脳のなかでも最も古い部位、太古の魚も持っていた**扁桃体**という部分じゃ」

「じゃあ、老化を恐れないことなんて無理に決まってるじゃない！」

「ある意味ではな……。ただし！」急にスコットが声を張り上げる。

「な、何よ突然……。びっくりしたじゃない……」

「ここで大変皮肉なことが起こるんじゃ！　歳をとることを恐れる人、つまり、老化に対してネガティブなステレオタイプを持つ人ほど、老いやすいというデータがあるんじゃよ」

「えぇっ!?　ジェロントフォビアが寿命を縮めるってこと?」

　スコットはニコニコとなんだか無性にうれしそうだ。

「イェール大学の社会学者レヴィによると、エイジングにポジティブなイメージを持った人は平均で7・5年ほど寿命が長かったそうじゃ。

寿命だけじゃなく、健康面への影響もあるぞ。老いに対して前向きな人は生活機能（お風呂に入る、歩行するなど）の低下も遅く、重度の障害から完全に回復する人の割合も44%も多かった。

逆に、老化にネガティブなイメージを持っている人は、ストレスに対する心臓の反応性が低下し、心筋梗塞が2倍に増える、記憶低下が進みやすい、ケガが治りにくいといったマイナスの特徴が見られた[*39]」

「老化のビッグウェーブ」をモロに受けない、クールなやり方

私は言葉を失っていた。「老化を気にしている人ほど老化しやすい」なんて……そんな皮肉なことがあっていいのだろうか。

「いったいどうしてなの？」

「ふむ、まあ、理由はいろいろ考えられるんじゃが、いちばんシンプルなのはストレスじ

ゃろうな。ストレスはテロメアをぐっと縮めることがわかっている。そして、いつも『若返りたい、若返りたい』とばかり思っている人は、人生に対する満足度が低く、不幸になりやすい。老いの恐怖にとらわれ続けることは、その人の幸せを損ない、ひいてはテロメアや寿命も短縮させかねないということじゃな。[40]

あとは、老いを受け入れていない人は、いざ病気などになっても、薬を飲んだり医者にかかったりといった行動を取らないため、結果的に健康を損ないやすいのではないかという推測もある」[41]

スコットの話を聞きながら、私は学生時代にアメリカ文学の授業で聴いたあるフレーズを思い出していた。

Age is an issue of mind over matter. If you don't mind, it doesn't matter.

『トムソーヤの冒険』などで親しまれているマーク・トウェインの言葉だ。これは「年齢なんて心の持ちようだ。気にしなければ関係ない」というくらいの意味だが、mind（心／気にする）とmatter（物質／問題がある）のダブルミーニングを生かした表現になっている。

そう、年齢を気にすることには、「問題がある（matter）」のだ。

「ミワ、海から波をなくすことはできるかい？」

「……？　もちろんムリよ」

「そう、わしらは波を生み出す月の潮力を変えられない。老化に逆らおうとするのは、海から波をなくそうとするようなものじゃ。大切なのは、波に立ち向かうことではなく、波を受け入れ、波に乗ること——そう思わんかね？」

老いを「受け入れる」のと「諦める」のは違う！

〝老いを受け入れる〞と聞くと、途端に私のなかには反発心が広がった。

醜い自分になることを受け入れることなんて、とてもできそうにない。

「私はそうは思わないわ。『若く美しい外見を保っていたい』『明晰な頭脳を持っていたい』という気持ちは、人にとって自然なことだと思う！　どうして老いることを喜ばなくちゃいけないの？」

思わず口調が強くなる。感情的になってしまったのに気づいて、恥ずかしさがこみ上げてきたが……もう遅い。しかし、スコットはと言えば、目を細めてやさしく微笑んでいる。

「そのとおりじゃ。化粧をしたり、身だしなみを整えたり、知性を磨いたり……その努力までを否定するつもりはない。むしろ、そういったことはどれだけ歳をとっても、大いに続けるべきじゃとわしも思うよ。

ただし、純粋に自分の好奇心やワクワク感に動かされて（Passion-driven：**パッション・ドリブン**）それらの行動をとるのが理想じゃ。それが人生の波を受け入れて、それをサーファーのように乗りこなすということじゃからな。

逆に、老いへの恐れに突き動かされて（Fear-driven：**フィア・ドリブン**）、必死に年齢に抗おうとするのは、波を全身で受けとめて、無理やり波を堰《せ》きとめようとするようなものじゃ。

恐怖を原動力にしたアンチエイジングは逆効果になりかねん。最近の美容産業などには、人々のジェロントフォビアを煽って、製品や手術を売り込もうとしているきらいがあるからのぅ」

……またしても耳が痛いひとことだ。私が「エルピスⅡ」の開発者であると知ったら、彼はなんと言うだろうか。

「美容にしろ、ダイエットにしろ、トレーニングにしろ、それが自分のたしなみや身づくろいのためにされている分にはいい。自分をより美しく保とうとケアし、自尊心を高めることになるからな。それがまさにパッション・ドリブンということじゃ。

ただ、人からどう見られるかを恐れたり、加齢による変化を隠そうとしたり、承認欲求を満たすために誰彼かまわず振り向かせようとするのは、フィア・ドリブン、恐れに駆り立てられているにすぎない。そして、そのようなストレス状況は、かえってテロメアの短縮を招きかねないというわけじゃ」

鏡の前で何時間もアンチエイジングに費やしていた母――。幼いころに見たその後ろ姿の記憶が、私のなかに蘇りつつあった。そう、たしかに彼女を突き動かしていたのは、恐怖以外の何ものでもなかった。

75%の人が「自分は意外と若い」と考えている――老いは認知が9割

「そろそろまとめよう。今日はサイクリングもしてずいぶんと疲れたからなぁ……」

先ほどまでの学者然とした目つきが一瞬和らぎ、スコットの表情はいかにも好々爺といった感じに戻っている。

「要するに……」私は言った。

「私の『エイジング観』はひどくゆがんでいて、それを変えることが〝本当の〟アンチエイジングのための第一歩だってこと？」

「そういうことじゃ！」

スコットは薄くなった髪の毛をモシャモシャと触りながら答えた。

「老いとか年齢とかの考え方は、容易にゆがむ。まずはそのゆがみに気づくことじゃ。たとえば、2700人近いのアメリカ人を対象にした研究では、75％の人が『実年齢より自分は若い』と考えていることがわかった。しかも、年齢を重ねるほど、実年齢と実感年齢とのギャップは広がっていくんじゃ[*42]」

なるほどたしかに私も、36歳にしては外見的にはまだ若さを保っているほうだと感じている。しかし、4人中3人が同じように考えているのだとすると、その感覚にどこまで客観性があるかも甚だ怪しいものだ。

スコットは話を続けた。

「『若くありたい』『老いたくない』という気持ちは、生物本来の基礎的欲求、そして、人間本来の自己実現への欲求にも裏打ちされた自然なものじゃ。しかし、この気持ちを過剰に高め、ある種の偏見や差別を生み出してしまうカラクリが現代社会のなかにはたくさん隠れておる。じゃからこそ、わしらは脳が学習してきた老化のステレオタイプを変えていく必要がある」

「うん、それはよくわかったけど……でも、そうやって知らず知らずのうちに植えつけられた偏見を、変えることなんてできるものなの？」

老化を克服したいなら、「認知」と「逆学習」がカギ

スコットはまた例の奇妙な声でひと笑いすると、ゆっくりとうなずいた。

「もちろんできるぞ。ひとことで言えば、脳に学習をやり直させるんじゃ。これを**逆学習**（Unlearning）という。きちんとしたやり方をすれば、人の考え方はたしかに変えられる。1970年代からはじまった**認知療法**などは、まさにそのために確立された方法じゃ[*43]」

考え方は変えられる……。どこかで聞いたようなセリフだ。

「でも、まさか心理カウンセラーにお願いするわけにもいかないし……」

「それなら心配には及ばんよ」尻込みする私に、スコットは平然と言い放った。

「わしがいたのはイェールの精神医学（Psychiatry）学科じゃからな。診療やカウンセリングも日常茶飯事のようにやっておった」

たしかにアメリカの大学では、医学研究者が自分のラボで医師としての診療を行うことも珍しくはないのだと聞いたことがある。ということは……スコットはニューロサイエンスの専門家であると同時に、精神科医でもあるということか。

「といっても、そんな難しいことはいらんよ。やることはシンプルじゃ。すなわち、自分が『老い』に対してどんな判断（良し悪しのジャッジ）をしているかに気づくこと――すべてはここからはじまる。

その判断そのものを無理に抑えつける必要はない。ただ『あ、いま自分はこの老人を見て、醜いと思ったな』とか『さっき会った人に対して、自分より若々しくて悔しいなと思ったぞ』とかいうふうに、とにかく〝気づく〟んじゃ。そうやって自分の認知のクセを知ることこそが、考え方を変えるための最短ルートなんじゃよ」

＊　＊　＊

ピコン!

どこかで電子音が鳴った。スコットがカバンのなかをゴソゴソとやって、スマートフォンを取り出している。慌てたように画面を開き、メッセージアプリを立ち上げると、いつもの気味の悪い声で小さく笑っている。

「……な、何かいいことでもあったの?」

私が聞くと、スコットはうれしそうに答えた。

「来週はデートなんじゃ。デートに誘った女の子から、OKの返事がもらえたんじゃよ!」

スコットはずいぶんと浮かれた様子で、両手を天に突き上げている。やはりただのエロジジイなのだろうか。それにしても、スマホでメッセージを送って、女の子をデートに誘うなんて……いまどきの老人はなかなか油断ならない。

「そうじゃ!」

白い目で見ている私には気づかない様子で、スコットは何か思いついたように、こちらに向き直った。

「ミワのアカウントも教えてくれんか?」

Lecture 4

世界の「エイジング研究」最前線

運動・食事・睡眠・ストレス

「へえー、ミワも大変な人につかまっちゃったわね」

レズリーはチャーミングな笑顔で私に同情を示した。彼女はイェールの同じラボに所属する研究者だ。私と同じ企業研究員の立場で、年齢が近いこともあって、私たちはすぐに友人同士になった。

「そうなのよ。もともとイェールの教授だったらしいんだけど、とにかく話が長くて……」


アメリカに来てから私の身に起きていること、そのすべてを彼女に打ち明けた。

老人と若者が同居する〝エターナル〟というシニアハウスに住んでいること、そこに入所している祖母〝ナナ〟にアルツハイマー病の兆候が見られること、スコットという奇妙な老人に気に入られて、エイジングの科学に関するレクチャーを毎週受けていること——。

私はあのシワくちゃの小柄な老人のことを思い出しながら、レズリーに愚痴を言った。根が明るい性格のレズリーは、私が何を話してもニコニコと耳を傾けてくれる。

「ミワはやさしいのね。きっとスコットも話し相手がほしかったのよ。それにあなたの研究テーマは、『バーチャルリアリティを使ったエイジング体験』なんでしょう？　ある意味では、それってラッキーなんじゃない？　サンプルには不自由しないわけだしね」

そう言って彼女はクックツと笑った。

何も言い返せないのは、レズリーの指摘にはもっともな面もあるからだ。たしかにアメリカに来て以来、私のエイジング理解は日本にいたときとは比べものにならないくらい深まっていた。

それと同時に、「最近の美容産業は、人々のジェロントフォビアを煽っている」というスコットの言葉が思い出され、私の胸はチクチクと痛んだ。

2025年、アルツハイマー病が「クスリ」で治せるようになる!?

スコットからレクチャーを受けるようになって以来、私は老化、とりわけ脳の老化に対して並々ならぬ関心を持つようになっていた。祖母の様子はやはり相変わらずで、普段の会話などでもときどき「あれ?」と思うような場面があったため、自発的にインターネットや書籍でいろいろな情報を集めたりもしている。

そこでわかったのが、アルツハイマー病の治療には、じつにさまざまなアプローチが試みられているということだった。

最も一般的なのは、**コリンエステラーゼ阻害薬**を使う方法だ。アルツハイマー病患者の脳では、アセチルコリンという脳内物質が減少しているが、これを分解する酵素の活性を下げれば、脳内のアセチルコリンをある程度増やすことができる。とはいえ、これだけでは病気の進行を遅らせるのが精一杯であり、脳を元どおりにするまでにはいかないというのが実情のようだ。

いつかスコットが動画を見せてくれた遺伝性アルツハイマー病患者の人たちを対象に、治療薬の臨床研究も行われている。その代表格が、米ワシントン大学を中心に、イギリス、ドイツ、オーストラリア、日本などが参加する国際的研究の**DIAN**（Dominantly Inherited Alzheimer Network）**スタディ**だ。

アルツハイマーの治療薬については、これまでも膨大な数が開発されては、臨床試験で脱落するといったことを繰り返してきたらしい。アメリカでは現在でも20ぐらいの治験薬がテストされているが、市場に出るのはそのうち1％程度だという情報もあった。[*44]

薬物治療で期待されているのが、日本の理化学研究所が開発を進めている**ネプリライシン**だ。同研究所の西道らは、アルツハイマー病初期にアミロイドβの蓄積が起こることに注目して、この老廃物の分解を促進する薬物を開発中だという。[*45] コリンエステラーゼ阻害薬が世に出てから20年が経ついま、ブレークスルーが期待されているが、実用化の目標は2025年だというから、祖母の治療には間に合わないだろう。

「若い血」を輸血する〝吸血鬼的〟若返り法——パラビオシス

薬物以外にも〝若返り〟のための道はさまざま模索されているようだ。エイジングと不老不死をめぐる科学は、これまでにない盛り上がりを見せているというスコットの言葉は嘘ではないらしい。

なかでも衝撃を受けたのが、**パラビオシス**という方法だ。これは若者の血液を老年者に輸血するという、まさに「吸血鬼」のようなアイデアであるが、スタンフォード大学で臨床試験が行われ、その効果が科学的に証明されてきているのだという。

若年マウスの血液を老年マウスに投与したところ、幹細胞活動が上がり、脳・肝臓・すい臓・心臓・骨・筋肉など、複数の器官で老化のスピードが遅くなったらしい。血漿《けっしょう》（血液の成分）を継続的に点滴すると、老年マウスの認知機能が改善し、若年マウスレベルになったのだとか……。しかもこれは、9つの独立した研究室から報告されたデータだというから、信頼性はかなり高いと言えそうだ。[*46]

血を入れ替えただけで脳の働きまでが改善するというのは、素人目線で考えればにわかには信じがたいが、そもそも脳というのは脳細胞単独で機能しているわけではない。細胞間のコミュニケーションは、さまざまな脳内物質の助けも借りている以上、血液を通じてそうした物質を補填すれば、脳の若返りが起こるのは不思議ではないのだ。[*47]

さらに注目されているのが、いわゆる再生医療による**幹細胞移植**だ。細胞の再生スピードが滞るのは、幹細胞が衰えるからにほかならない。だとすれば、幹細胞を移植してしまえばいい、というわけだ。

実際、ある生物では、脳に対する幹細胞移植も試みられているらしい。[*48] 京都大学の山中伸弥教授によるiPS細胞（人工多機能幹細胞）は、さまざまな細胞になり得る幹細胞で、脳機能再生への応用が期待されているが、がん化の可能性や安全性の評価などの点で難しい部分が残っている。人間ではまだこれからという状況だ。

人類の不老不死への飽くなき挑戦を見ていると、応援したいような、やりすぎのような不思議な気持ちになる。

老化要因の75%は「コントロール可能」

ピコン。スマートフォンの通知音が鳴った。

「あと10分くらいで着く。遅くなってすまん」

スコットからのメッセージだ。

先日、連絡先を交換して以来、彼はときどきメッセージを送ってくるようになった。今日もレクチャーの約束だったが、「スタバで待ち合わせよう」との連絡が直前にあったため、〝エターナル〟最寄りのスターバックスまでやってきたのだ。

金曜日のスタバは混んでおり、ほとんどの座席が埋まっている。

隣席では、80代と思しき老夫婦が優雅にコーヒーを飲んでいた。アメリカではこんなお年寄りもスタバに来るのだろうか。おじいさんのほうがおもむろにカバンからiPadを取り出し、「ニューヨーク・タイムズ」を読みはじめた。タブレットで新聞を読むなんて、老人らしくない。

……とそこまで考えた私は、ふとスコットの言葉を思い出した。

「老いに対してどんな判断をしているかに気づくこと——すべてはそこからはじまる」

まさに私は、老いに対していつのまにか「ジャッジ」を下していた。「老人がスターバックスに来るなんて老人らしくない」「年寄りは紙の新聞を好むはずだ」――そうした偏見が私のなかに入り込んでいる。スコットはこうした認知に「気づく」だけでも、大きな前進だと言っていたっけ……。

「今日はそろそろ、脳の老化の予防法について話すとしようか」

振り返ると、いつのまにかスコットが後ろに立っていた。

「あら、スコット。今日はなんでまたスタバなの？」

私が聞くと、彼は手に持っていたグランデサイズの大きなカップを掲げ、満面の笑みを浮かべた。

「一度入ってみたかったんじゃよ。できれば若い女の子と一緒に、な」

デート気取りなのだろうか、今日のスコットは、仕立てのいいブラウンのジャケットを羽織っている。残念だったのは、シャツの襟元にケチャップか何かのシミがついていることだった――。

私はさっさと本題に入るよう水を向けた。

「『脳の老化の予防法』と言っても、老化は遺伝子レベルで起きているのよね？」

スコットはニカッと笑って、私の向かいのソファに腰掛けた。

「いかにも。細胞の老化プロセスは、テロメア短縮という遺伝子レベルの出来事がカギを握っておる。

しかし、これが老化に与える影響は、実際には老化全体の25％に過ぎないとも言われておる。[*49] つまり、75％は環境要因、言い換えれば、自分でもどうにかなるというわけじゃ！」

「脳トレ」はどこまで効果があるのか――ブレイン・フィットネスの科学

「たしかに日本のお年寄りでも、『ボケ防止』とか『脳トレ』だとかいって、クイズやパズルをやっている人っているわ。あれってどこまで効果があるの？」

「いわゆる**ブレイン・フィットネス**じゃな。じつを言うと、単なるパズルやゲームを繰り返したところで、そのプログラムに特化した技能が熟練することはあっても、脳にどこまで効果があるかということになるとかなり怪しい。巷の『脳トレ』は、そのあたりの科学的な裏づけが不十分なものがほとんどじゃな。

とはいえ、認知機能の改善を図るプログラムの開発は、アメリカでも急成長産業になっている。『質の高いプログラムを選べば、実際に効果がある』という研究結果もないわけではない。

アメリカの国立衛生研究所は、ブレイン・フィットネス・プログラムの効果を検討した研究のメタ分析（複数の研究結果を取りまとめ、総合的な効果を示したもの）を行っておる。それによると、たしかにブレイン・フィットネスには認知機能への効果が確認できたそうじゃ。[*50]

じつはこれ、**ACTIVE**（The Advanced Cognitive Training for Independent and Vital Elderly）**スタディ**という大規模なランダム化比較対照研究に基づいておる。平均年齢73・6歳の被験者2800人以上に対して、エピソード記憶と認知処理スピードに関する1時間ほどのトレーニングを、週2回ペースで5～6週間にわたって継続したところ、これらの機能の改善が見られたうえに、その効果は5年後にも観察されたという[*51]」

「すごいじゃない！　ナナにも脳トレを試してみるほうがいいのかな」

興奮気味の私にスコットは言う。

「注意が必要なのは、プログラムの質にはまだムラがあり、ビジネスとしての競争が優先されているきらいもあるということじゃな。プログラムにしっかりした科学的裏づけがなされているかも確認する必要がある。

ちなみにアメリカだと、**ルモシティ**（Lumosity.com）や**ブレインHQ**（brainhq.com）といったプログラムがポピュラーじゃな。日本語設定もできて、月額10ドル程度で利用できる」

「脳の反応速度」が150%になった！――FINGERスタディ

「ただし、ブレイン・フィットネスは落ちてしまった認知機能を劇的に改善するというところまではいっていない。そのことは忘れてはならんな」

スコットは釘を刺した。

「うーん、なんだかはっきりしないわね。スコット、あなたは専門家としてブレイン・フィットネスには否定的な立場なの？　要するに『脳トレはオススメしない』ってわけ？」

私の質問にスコットは首を振る。

「わしが言いたいのは要するに、『これだけやっておけば脳の老化は防げる』という〝魔法の杖〟はないということじゃ。脳トレやブレイン・フィットネスについては、どうしてもそうした論調が見られがちじゃからな。

「FINGERスタディ」でわかった老化予防の効果

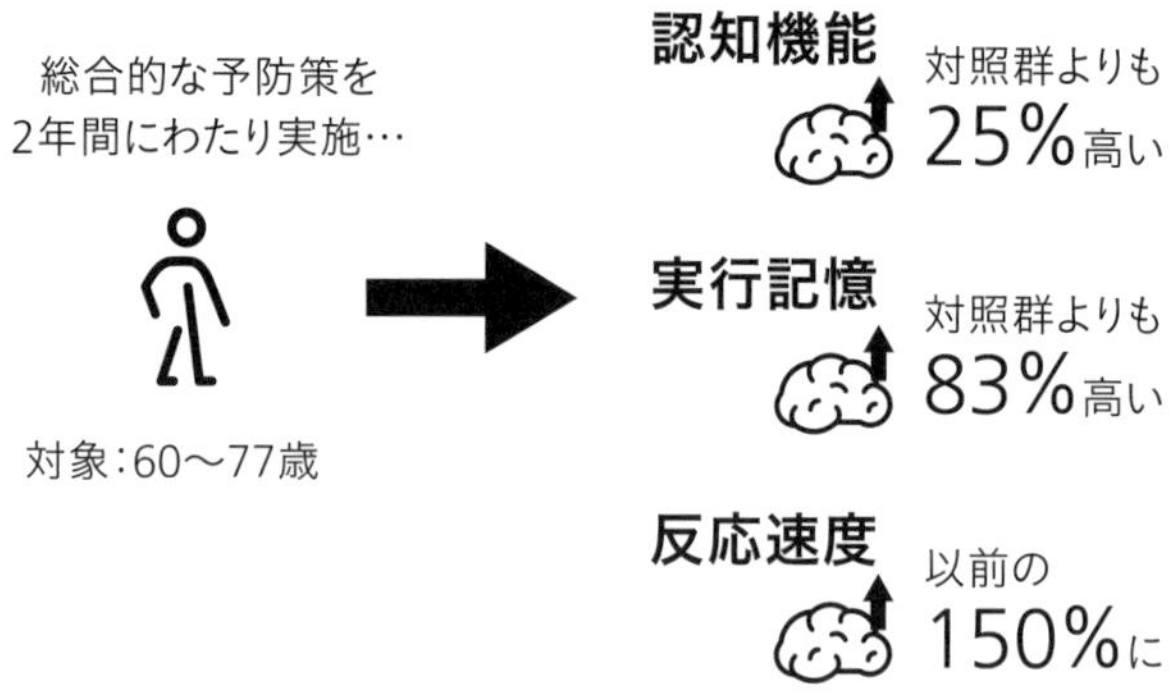

しかし実際には、老いの予防法は一つではないし、いくつかを〝組み合わせる〟ことで効果が上がるという事実が、最新の研究からも明らかになっておる。

その代表格が、格式ある科学雑誌『ランセット』で2015年6月に発表された**FINGER**（The Finnish Geriatric Intervention Study to Prevent Cognitive Impairment and Disability）**スタディ**じゃ。[*52] これはフィンランドで行われた大規模なエイジング研究で、認知症リスクのある60～77歳の人々1260人を対象に、運動、食事、脳トレなどを組み合わせた効果を2年間にわたり測定したものじゃ。

それによれば、総合的な老化予防策をしていたグループは、明らかに脳の機能が維持されていた。何もしていなかったグループと比較すると、認知機能は25%、実行記憶は83%ほど高いテスト結果が出ており、反応速度は以前の150%にまで上がっていたというから、なかなかのもんじゃろう?

この研究は引き続き、認知症の発症に差があるかの検証を続けていくそうじゃよ」

「教育水準が高い人」ほど、アルツハイマー病になりにくい?

「結局、老化を防ぐには『いろいろやらなきゃダメ』ってことなのね」

「まあ、そういうことになるな。先に話したデール・ブレデセンが言う『36の要因』はもっと分子的なレベルの話だが、一つの原因・予防法だけに頼らないほうがいいというのは当たっておる。多岐にわたる予防策が現実的じゃ。つまり、『これさえやっておけば、老化は防げる』というような情報は、ちょっと注意してかかったほうがいい。

実際、アルツハイマー病などはまだ十分に治療法が確立されているわけではない以上、いくつかのリスクファクター(危険因子)を潰していく予防が必要になる。『ランセット』は2014年、次の7つのリスクファクターを回避すれば、アルツハイマー病の3分の1が予防可能だと報告しておる*53」

「えっ？　3分の1も！」

スコットはカバンからタブレットを取り出し、1枚のスライドを表示した。

①中年期の高血圧
②中年期の肥満
③糖尿病
④身体を動かさないこと
⑤喫煙
⑥うつ
⑦教育水準の低さ

「うーん……①〜⑥はなんとなくわかる気がするけど、⑦の教育水準ってのは？『いい教育を受けていないと、アルツハイマー病になりやすい』ってこと？」

「うむ、喫煙はフリーラジカルを増やし、テロメアを短くする。過度の飲酒なども、DNAのダメージを起こすのでよくない。このあたりは想像に難くないところじゃな。しかし、世界全体で見ると、教育水準の低さがアルツハイマー病の最も強いリスクファクターなんじゃ。全体の19％に関わっていたというデータもある。

ここで持ち出されるのが**認知予備力**（Cognitive Reserve）という考え方じゃ。教育は、人間の脳機能に予備の力を持たせる働きがあり、年齢とともに認知能力が落ちてきても、この予備力で補えるのではないかと言われておる[*54]」

「な、なるほど……。一定の公教育が用意されている先進国の人は、そこまで心配する必要はなさそうな要因ですね」

「運動」を続けたら、脳の「海馬」が2歳若返った！

「そうとも言えるな。実際、地域別に見ると、アメリカとヨーロッパにおける最大のリスクファクターは『④身体を動かさないこと』で、これが全体の要因の2割強を占めているのが実態じゃ」

「つまり、脳の老化を防ぐには、やっぱり運動が大切ってことね？　ヒトはもともと狩猟民族だから運動するのがいいって、どこかで読んだことがあるわ」

先週スコットとしたサイクリングのことを思い出しながら私は言った。

「脳機能の維持・向上にとって運動が有効だという話は、一般的にもかなり知られてきているな。さきほど〝魔法の杖〟はないと言ったが、運動が脳や身体の健康に対して持つ効果は、計り知れないところがある。

いくつかの研究では、継続的な運動にはテロメアを長くする効果があることが証明されている。実際、活動量の多いアメリカ人ほど、テロメアの短縮率が低かったというデータもあるくらいじゃ[*55]」

「私も、高校までは陸上部で、得意種目は400メートルハードルだったの。社会人になってからは仕事が忙しくて、ほとんど運動らしい運動はできてないけど……」

「30代でも運動はしておいたほうがいいぞ。運動は細胞内の抗酸化物質を増やし、ミトコンドリアの機能を高めるからな。細胞セネッセンスの仕組みを解説したときに触れたが、細胞が老いていく直接の原因は、フリーラジカルなどが与えるダメージ（酸化ストレス）じゃ。運動はこうしたストレスを減らし、エイジングを遅らせてくれるんじゃよ[*56]」

なるほど、運動というと、つい筋肉の増強などを連想しがちだが、遺伝子レベル・細胞レベルでも人を若々しく保つ効果があるということか。

「さらに、以前に話した『運動によって海馬の容積が増えた』というデータでは、被験者たちの脳が平均1～2歳若返ったそうじゃ。

とにかく運動は、しっかりとしたエビデンスのあるアルツハイマー病予防策の筆頭株で、およそ40％のリスク低減効果が見込まれておる。[*57] 脳内にアミロイドβが蓄積しやすいＡｐｏＥ遺伝子を持った人は、アルツハイマー病になりやすいことが知られているが、こうした人でも運動を継続していれば、アミロイドβの量がＡｐｏＥ遺伝子を持たない人と同じくらいのレベルにまで低下していたという報告もあるんじゃ[*58]」

スコットの言葉を聞きながら、私はまた祖母の顔を思い浮かべていた。祖母はエネルギッシュな人ではあったけれど、運動らしい運動はしていなかった。アーティストとして活動していた若いころも、おそらく何日もアトリエにこもりっきりの日々を過ごしていたのではないだろうか。

「週3回のウォーキング」で、テロメアの長さが2倍に！

「スコット、ところで、運動って具体的に、何をすればいいの？」

「うむ、大きく2つの方向性で考えるといいな」

そう言ってスコットは、胸元から万年筆を取り出すと、紙ナプキンの裏にサラサラとメモを書いた。[*59]

①中強度の有酸素運動

②インターバル・トレーニング

「①の『中強度』というのは、最大心拍数（『220−年齢』が目安）の60％くらいだと考えればよい。この状態を40分くらい維持できる運動が理想じゃな」

「私はいま36歳だから、心拍数だと……110（＝（220−36）×0・6）くらいってことか。長く続けられるという意味では、ウォーキングがよさそうね」

スコットは大きくうなずいた。

「グッド！　ウォーキングは継続しやすいうえ、生活にも取り入れやすいからな。データとしても、週3回、45分ずつの有酸素運動を6カ月続けたところ、テロメアが2倍になったという報告がある」

筋トレは老化予防にはならない――「太ったおじいさん」が少ない理由

「一方で、②インターバル・トレーニングというのは、休みを入れながら、ある程度の負荷のかかるトレーニングを繰り返すやり方のことじゃ。ランニングであれば、3分間は速めのスピードで走って、3分間は休む（または歩く）というサイクルを4セットほど行うイメージだ。こうしたインターバル・トレーニングについても、テロメア伸長の効果が認められているんじゃ」

最近はスマートウォッチなど、簡単に心拍数を測定できるデバイスも増えている。これなら私もやれそうだ。

「運動はやらない手はないってのが、現時点の科学の結論ってことなのね。シェイプアップにもなりそうだし、私も何かはじめてみる！」

「ちなみに……」そう言ってスコットはつけ加えた。

「テロメアを伸ばしたり、テロメラーゼの活性を高めたりするうえでは、あくまでも有酸素運動が適しているようじゃ。逆に、ウェイト・トレーニングなどで筋肉を増強したりしても、とくにテロメアへの効果はないらしい」

なるほど、筋肉ムキムキになっても、老化予防にはならないってことか……。

「ただし、②中年期の肥満があがっていたように、テロメアの長さを保つうえでは、肥満はよくない。肥満の度合いはBMI（Body Mass Index：身長の2乗で体重を割った数値）で測定されるのが一般的じゃが、老化リスクを見るうえでは、腹囲とヒップの比率が重要な指標とされておる。お腹まわりが太っているほど、テロメア短縮のリスクは高まるんじゃよ」[*60]

肥満が人間の寿命に大きな影響を与えるという話は、経験的にも納得がいく。たしかに「太っているおじさん」はいるけれど、「太っているおじいさん」にはなかなか出会わない。太っている人はどうしても寿命が短くなりやすいということだろう。

老化を防ぎたいなら、「これ」を食べてはいけない——テロメア食事術

「……ということは、食事にも気をつけなきゃいけないってことよね？」

「ミワは優秀な生徒じゃなあ。そう、次に大切なのが食事じゃ。ズバリ、テロメアを長くする食品がこれじゃ」

そう言ってスコットはタブレットを取り出して、私に見せた。[*61]

▼テロメアを長くする食品

・繊維質の豊かなもの（全粒穀物など）
・新鮮な野菜・果物
・豆類
・海藻
・緑茶、コーヒー

▼老化3因子を抑える成分・食品

・炎症を抑える――フラボノイドやカロチン（ベリー類、ぶどう、りんご、ケール、ブロッコリー、タマネギ、トマト、ネギなどに多く含まれる）
・抗酸化作用がある――ベリー類、りんご、にんじん、緑色野菜、トマト、豆類、全粒穀物、緑茶など
・インスリン抵抗性を減らす――甘い炭酸飲料や糖類の高い食品を減らす

「これ以外で注目されておるのが、オメガ3脂肪酸を多く含む食べ物じゃな。サケとかマグロのような魚、あとは葉物野菜に多く含まれているこの物質には抗酸化作用があり、細胞が酸化ストレスに晒されるのを防いでくれる。オメガ3脂肪酸は、テロメア短縮を32%防いだという報告もあるくらいなんじゃ」*62

「いくつかは私もネットとかで見たことがあるわ」

「食事に関してはデータが不十分で、科学的なエビデンスがあるとは言えない情報も多いからな。気をつけたほうがいい。しかし少なくとも、**赤身の肉**（とくに加工されたもの）、**白いパン**、**甘いジュース**などは、細胞を老化させたくなければ、避けるべきだと言われておる」

……今日のランチがホットドックと炭酸ジュースだったことは言わないでおこう。

「……なんだかいっぱいありすぎて、よくわからないわね」

「ふむ……そこでじゃ、『アルツハイマー病予防の決定打』とも言うべき食事があるぞ！その名も**マインド・ダイエット**（MIND Diet）じゃ」

「マインド……？」

「これは正式にはMediterranean-DASH Intervention for Neurodegenerative Delay Dietと

いって、**地中海式料理**（Mediterranean Diet）と**DASH**（Dietary Approaches to Stop Hypertension：高血圧症予防食事療法）という確立された2つの食事法のハイブリッド版じゃ。

地中海式料理は、たくさんの野菜・果物・全粒穀物を、低脂肪で質の高いタンパク質（魚）と一緒に摂取する食事で、これにオリーブオイルとナッツを組み合わせることで認知機能が高まったというデータもあるし、*63 全体としては、認知症リスクをおよそ20%減らすとされている」*64

「もう一つのDASHは？」

「こちらは、野菜果物・全粒穀物・低脂肪乳製品など、地中海式料理に類似した内容に加えて、塩分の制限を中心に構成されておる。

マインド・ダイエットは、これら2つを組み合わせたもので、野菜中心、動物性食品と飽和脂肪の制限、ベリー類や緑の葉物野菜の重視といった特色がある。923人を対象に4・5年にわたって追跡した研究では、マインド・ダイエットに即した食事をとっている人は、そうでない人と比べて53%もアルツハイマー病のリスクが低かったんじゃ。

次の食品項目を各1点とした場合（15点満点）、*65 8・5点以上であれば、『マインド・ダイエットに即した食事』だと言えよう。1単位食の目安も下にあげておくぞ」

推奨される食品

・全粒穀物	3単位食以上／日	全粒パン1枚／玄米1膳
・緑の葉物野菜	6単位食以上／週	1カップ／250cc
・その他の野菜	1単位食以上／日	1／2カップ
・ベリー	2単位食以上／週	1／2カップ
・魚類	1単位食以上／週	90グラム
・鶏肉	2単位食以上／週	90グラム
・豆類	3単位食以上／週	1／4カップ
・ナッツ類	5単位食以上／週	15グラム
・オリーブオイル	ふだん使う油にする	
・ワイン	グラス1杯／日程度	

控えたい食品

・赤身肉やその加工食品	4単位食以下／週	90グラム
・ファーストフード・揚げ物	1単位食未満／週	1個
・バター・マーガリン	大さじ1杯未満／日	

・チーズ　1単位食未満／週　45グラム

・ケーキなど甘いもの　1単位食未満／週　ドーナツ1個

「やっぱり食事って大切なのね」

「そうじゃな。ただし、くどいようじゃが、食事についてはまだはっきりしないことも多い。さきほど触れた抗酸化作用のある食品についても、『認知症の根本原因の解決にならないのではないか』という批判がある。酸化ストレスというのは、アミロイドβやタウといった老廃物蓄積のさらに下流で起きる現象じゃからな。『元を断たずして本当に予防になるのか？』というわけじゃ。*[66]

ブレデセンなどは、インスリン抵抗性を防ぐために**ケトフレックス12／3**という食事法を推奨しておるぞ。低炭水化物・おだやかな菜食主義（魚・肉などのタンパク質は1日に体重1キログラムあたり1グラム程度に抑える。つまり、体重70キロの人なら1日およそ魚300グラムほど）まではマインド・ダイエットとも似ているが、さらに、夕食から朝食まで12時間絶食、就寝前の3時間は何も食べないということを加えておる」

脳内の老廃物を洗い流す「睡眠」の力——眠りは最低7時間

ふと気づくと、隣の席の老夫婦がこちらを変な目で見ている。無理もない、アジア人の女が、老人から一方的に何か訳のわからない話をされているのだ。

席に着いて以来、スコットは間断なく喋り続けているが、一向に疲れた様子はない。他方、私はさすがに集中力が切れてきた。

「……ところで、ミワは平均何時間ぐらい眠る?」

抜け目ない老人だ。あくびをかみ殺したつもりだったが、バレていたらしい。

「う、う〜ん、研究も忙しいし……。こっち《アメリカ》に来てからは、平均5時間くらいかな」

私の答えにスコットはゆっくりと首を振る。

「いかんな〜。テロメアを長く保つには、7時間以上の睡眠が推奨される。また、睡眠の質も大事じゃ。70歳以上で慢性の不眠は、テロメアを短くするとのデータがあるし、7時間以上寝る人は、5時間以下の人と比べてテロメアが6%ほど長かったとの報告もあるくらいなんじゃ*67」

「睡眠ってのは、アンチエイジングの手段としてはかなり手堅いってわけね」

「当然のことながら、脳の老化に睡眠が果たす役割は大きい。朝目覚めたばかりの人の脳画像を観察すると、なんとアミロイドβが除かれているんじゃ。7時間以上の睡眠をとっている人では、アミロイドβが脳画像上少なかった。[*68] 7時間以上の睡眠をこころがけることは、ひょっとして食事以上に効果的かもな」

ストレスは「老いの時限爆弾」となる——心理的要因

「アルツハイマー病のリスク要因の⑥が『うつ』だったのは覚えておるかな？　うつ病を患っている人を2年間追跡したところ、そうでない人に比べてテロメア短縮のスピードが有意に速かったというデータがある」[*69]

「ストレスね？」

「そのとおり。テロメアはストレスに弱いんじゃ。[*70] 多くのストレスを経験する1年目の研修医を調べたところ、その1年間だけで通常の6年分ほどテロメアが短くなっていたらしい。[*71] ストレスとテロメア短縮の関係性については、これまでの複数の研究を総合したメタ解析研究も発表されており、やはりストレスは人間のテロメアをやや短くすると結論づけられているんじゃ。[*72]

中国からの興味深い報告では、ラットにストレスを与えると、脳の海馬内のテロメラーゼ活性が低下し、海馬の新細胞産生が低下した。しかし逆に、テロメラーゼを活性化させると、そういったストレスの影響が解消し、海馬の細胞新生が促進されたのだそうじゃ。テロメラーゼが細胞新生を介しながら、ストレスの影響に対抗していることが示唆されたわけじゃな。[*73] ブレデセンが、アルツハイマー病へのストレスのリスクを強調しているのも興味深い」

「2年間のボランティア」が脳を3歳分若返らせた——社会的要因

いつのまにか隣の老夫婦たちは、帰ってしまっていた。スコットの話があまりにも長いのに呆れたのだろう。

「スコット、今日はこれくらいにしておかない？　さっきのご夫婦も、ずっとこっちをジロジロ見てたわよ」

「あと一つだけ……」スコットは、右手の人差し指を立てた。

「あと一つだけ、話をさせてくれんか。これが最後じゃ。ところで、さっきのご夫婦、見たところは80代じゃろうかな？」

彼に押し切られて、私はしぶしぶながら話を聞くことにした。

「そうね。ずいぶん仲がよさそうだったわ」

「彼らがあと何年生きるかはわからんが、どちらか片方が亡くなると、もう片方の健康や寿命にも影響が出てくるじゃろうなあ」

「ちょっと！　不謹慎なこと言わないでよ」

「すまんすまん。しかしな、テロメアの長さは社会的な関係性にも、大きく左右されるんじゃよ。

たとえば、アフリカ灰色オウムは、社交的で聡明な鳥として知られているんじゃが、つがいがいないままの個体はテロメアが短くなる。[*74]言ってみれば、テロメア短縮の社会的要因じゃな。

それも考え合わせるなら、テロメアを長くするうえでは、信頼できる人・仲がいい人が近所にいる地域に住むことも大切なんじゃよ。[*75]さらに、周りから助けてもらうばかりじゃなく、自分から人を助けることにも効果が期待できる。2年間のボランティアを継続したところ、脳のサイズが大きくなり、3年分ほどの若返り効果があったというアメリカの報告がある[*76]」

そう言ってスコットは、コーヒーの残りをすべて飲み干した。

「几帳面さ」にはアンチエイジング効果がある――性格的要因

うぅ……聞かなきゃよかった。私はテロメア維持の社会的要因には恵まれていなさそうだし、あまり長生きはできないのかもしれない。

「ん？　どうかしたか？」このあたり、スコットはどうも鈍い。

「どんな性格の人が長生きしやすいのか、サンフランシスコ地域で１９２０年代から67年にわたって追跡した研究がある[*77]」

「え？　性格と寿命の関係《い、い、い、い、》？」

聞きたいような聞きたくないような……。

「それによると、実直できちんと屋（conscientiousness）の性格の人がより長生きをした。しかも、その傾向は女性により顕著に見られたという」

「えっ！　本当？」

私は性格的には几帳面なほうで、仕事などでもかなり細かい。おまけに女性だ。

沈んだ気分が一気にもとに戻ってきた。

「きちんと屋さんは、運動や食事の習慣をしっかり継続したり、医者のアドバイスを聞き入れたりと、健康維持のために必要なことを確実に実行できる。それが寿命にも影響しているのではないかと言われているんじゃ。

一方で、あまりにもきちんとしすぎて神経質になるのも、考えものじゃがな……」

……なるほど。とくに日本人は、性格的に几帳面すぎる人が多いような気もする。

「いずれにせよ、日本でも似たような調査データが報告されとるぞ。100歳を超えている人70名を集めて、60〜84歳の人たちと性格を比較したんじゃ。するとやはり、100歳以上の女性グループには、きちんと屋さんが多かった。とはいえ、寛容さ（openness）と外向性（extraversion）の性格傾向も高く出ていたというから、あまり神経質すぎないことも大切なんじゃろうな。[*78]

ほかの研究では、よく笑う人、社交的な人、幸せな人、楽観的な人などが長寿につながると言われておる。いわば心理面のアンチエイジングじゃな。[*79]そのほかにも、ユーモア、カリスマ性、可愛さ、好奇心、前向きさなどの傾向も重要じゃ。ま、わしはその典型じゃな」

スコットはそう言い放ってから、また気味の悪い高笑いを発した。周囲のお客さんたちの視線が集まっているが、本人はまったく気づいていないようだ。

私は心のなかで深くため息をついた。

＊　＊　＊

スコットからの怒涛のごときレクチャーを受けた私は、今日もクタクタになっていた。あの老人、たしかに見た目は怪しいが、相当な学者だったに違いない。いったいどれだけの情報を頭のなかに溜め込んでいるのだろうか。


部屋に戻ると、また母からの着信があった。

日本の現地時間は明け方のはず。何か嫌な予感だ。

「もしもし……」

「……うぅ……」

「もしもし？　ママ？　どうしたの？　何かあったの？」

「ああ、美羽《ミワ》ちゃん……う、ううぅ……うわぁーーーん！」

母はいきなり声を上げて泣き出した。いろいろと質問をしても呂律が回っていない。どうやらかなり酔っているようだ。朝方までずっとお酒を飲んでいたのだろう。

とはいえ、私は内心ホッとしていた。

母が泥酔して泣きながら電話してくるのは、恋人と別れたときだと相場が決まっているからだ。これまでも同じことが何度あっただろう。

どうやら今回は、15歳も下の若い恋人が、彼と同年代の別の女の子と浮気をしていたらしい。母は電話口で支離滅裂な恨みごとを連ねていた。

ここまで酔っていれば、どうせ明日には何も覚えていないだろう。

私は適当に聞き流してはいたものの、ついサトシとのことを思い出して、チクリと胸が痛むのを感じた。

Lecture 5

脳の成長がとまらない世界一シンプルな方法

瞑想で「雑念回路」を鎮める

停留所でイェール・シャトルを待っていた私の目の前に、真っ赤な色のバスが停まった。

ふと見上げると、なかには20代前半くらいの日本人の女の子が乗っている。

どこかで会ったような……と一瞬考えて、すぐに思い出した。

あのとき見かけたサトシの新しい恋人だ！


彼女も私に気づいた様子で、バスのなかからこちらを見ながら、ニヤニヤと笑っている。

どうして私のことを知っているのだろう？

それにしても、サトシはこんな意地の悪そうな女のどこがよかったの……？

私は挑発には乗らず、じっとその場に立ち尽くす。

動悸が高まって、頭に血が上っている感じがわかった。


気づくとバスはどこかに消えてしまっていた。

私はいつのまにか何もない真っ白な部屋に立っている。

ドアもなければ窓もない、完全な牢獄だ。

次の瞬間には、私はすぐに悟っていた。

ここは「エルピスⅡ」のＶＲ空間だ——。

「人間、歳をとったら終わりよ」

呟く声が聞こえたほうを振り返ると、部屋の片隅に3人の老婆がうずくまっていた。

「……？　だ、誰なの……？」

目を凝らした私の頭がパニック寸前になる。

一人は〝エターナル〟でいつもぼんやりと佇んでいる祖母、
もう一人はシワくちゃに老いた母、
そしてもう一人は……以前に目にした50年後の醜い自分……。

「きゃあああああああ！！！」

そこで目が覚めた――。

＊　＊　＊

「そうか……残念だけど、もう決めたことなんだね？」そう言ってカルビンは微笑んだ。

〝エターナル〟の管理人であるこの黒人青年はどこまでもやさしい。

「もしイヤでなければだけど……」カルビンは続けた。「教えてくれないか？　どうして〝エターナル〟を退去したいのかの理由を。ひょっとして原因はスコットかい？」

私は首を振った。

「違うわ。スコットはたしかにちょっと話は長いけど……大切なことをたくさん教えてくれた。彼にも、このシニアハウスにも……そしてカルビン、あなたにも、何も不満はない。悪いのは私なの。引っ越すことにしたのは、私個人の問題よ」

ちょっと悲しそうな顔をしてうなずくカルビンを見て、私は内心、胸が痛んだ。〝エターナル〟が原因ではない、というのは、ある意味では嘘かもしれなかったからだ。

今朝のひどい悪夢から目覚めたあと、私は結局、一歩も前進していない自分に気づいた。どれだけスコットからレクチャーを受けようと、私のなかにある「老いへの恐怖」は何も変わっていないのだ。

前の晩に「アンチエイジングの権化」のような母とちょっと電話で話しただけで、すべて元どおりになってしまった。全部、無駄だったのだ——。

だとすれば、わざわざ老人だらけのこんな場所で寝起きする必要もない。

まだしばらくはアメリカにいるのだし、祖母にはときどき会いにくればいい。

「嫌われたくない！」から生まれる老化恐怖

カルビンに退去の意思を伝えた私は、スコットの姿を探して〝エターナル〟館内を歩き回っていた。部屋を訪ねたが不在で、談話スペースにも姿が見えない。

ふと思いついて中庭に出ると、芝生の上に座る2つの影が見えた。スコットと祖母だ。

2人は目を瞑ってただ静かに座っていた。眠っているのかと思ったが、そのわりには背筋が伸びている。こうして遠目から見ると、2人は仲のいい老夫婦のようだった。

「ミワちゃんね？　足音でわかるわ」

私が芝生を踏みしめて近寄っていくと、祖母が目を閉じたまま言った。いつもよりもかなり頭がはっきりしているようだ。何よりも、足音だけで私だとわかるなんて……そのことに驚かされた。

「やあ、ミワ」

スコットがゆっくりと目を開けてこちらを見た。

「ハイ、スコット」

私も静かに挨拶をする。

「老化を極端に恐れる心理は……」彼は唐突に話をはじめた。

「『人に見放されたくない』という気持ちから生まれる」

私は彼の言葉を聞いてハッとした。今日は金曜日でレクチャーの日だ。いまのいままでてっきり約束を忘れていた。

「あら、レクチャーの邪魔になるといけないわね」

そう言って祖母は立ち上がる。

「ナナ、いいのよ別に！」

彼女を制止しようとしたが、祖母は何も言わずにヒラヒラと手を振りながら、談話スペースのほうに歩いていってしまう。なんだか無性にうれしそうな顔をしていた。あんな祖母を見るのは、アメリカに来て以来、初めてかもしれない。

「スコット、さっき言ってたこと……」私はスコットに向き合った。

「その……『老いるのがいやなのは、嫌われたくないからだ』って話、すごくよくわかるわ。私って、子どものころ一人ぼっちだったの。物心ついたときには両親は離婚していたし、女優の仕事をしていた母はほとんど家にいなかった。だからずっと寂しかったの。でも大人になってからは、多少は周りがちやほやしてくれるようになった。デートに誘ってくれる男の子もいたわ。それはきっと『若さ』のせいよ。還暦を過ぎても若さを保っている母の周りには、いまでもたくさんの人が集まっているもの。だから私も『若さ』を失いたくないの！」

スコットは何も言わずに、黙ってうなずきながら私の話に耳を傾けてくれていた。そして、私が話し終わったのを確認すると、彼はゆっくりと口を開いた。

「ミワ、それは君だけの問題じゃない。現代人はみな、心のどこかで老いることを恐れている。なんせ現代は、効率や生産性がもてはやされる時代じゃからな。

歳をとって成果を生み出せなくなったら、自分は社会や会社から見捨てられるのではないか、自分には価値がなくなるのではないか——そんな恐怖が蔓延しているんじゃ」

私は静かにうなずく。

自分のなかにあった老いに対する得体の知れない恐怖、それをより深いレベルで、より高い解像度で捉えられた感覚があった。

「深い休息」を正しくとれば、脳内の老廃物を除去できる

「ところで……」私は話題を変えた。

「スコットとナナはここで何をしていたの？　まさか……昼寝じゃないわよね？」

スコットはいつもの変な笑い声を上げげた。

「いやいや、眠っていたわけじゃあないよ。わしらがやっていたのは……『脳を老いさせない究極の方法』じゃ」

そう言って彼はニカッと笑顔を見せた。

「脳の老化を防ぐ方法なら、先週いろいろ教えてもらったような……」

「じつはまだとっておきの方法があるんじゃよ」

「えっ？　そうなの!?」

私は〝エターナル〟退去の件を伝えることをすっかり忘れて、彼の話に夢中になっていた。

「あまりもったいぶってもいかんから、先に種明かしをしておくとするか。じつはわしとアキコは**瞑想**をしていたんじゃ」

「め……瞑想？」

この怪しげな老人から「瞑想」と聞くと、なんとなく胡散臭さを感じてしまう。

「そう、瞑想のほかにも、気功、太極拳、ヨガなど、東洋に起源を持つ方法が、細胞の炎症を減らすことは科学的にも検証済みなんじゃよ。なかでも、瞑想に関してはさまざまな実証実験が行われておる。

そして、何よりもの朗報は、瞑想がテロメアに好影響を及ぼすということじゃ。3週間にわたって瞑想を継続した結果、テロメアが長くなったという報告がある」[*80]

「え！　ということは、瞑想には若返り効果があるってこと？　ただのリラクゼーションだけじゃダメなの……？」

「継続的な瞑想には、リゾート旅行に出かけてただリラックスするだけでは得られない効果があるんじゃよ。

94人の瞑想未経験の女性と30人の瞑想経験者を対象にした研究がある。[*81]その実験では、半分の人たちには一般的なバカンスを6日間ほど過ごしてもらい、残りの半分には同じ期間で瞑想を継続してもらったんじゃ。すると、すべてのグループにストレスに関連する遺伝子にポジティブな変化が見られた。

それだけなら、結局、瞑想もバカンスも同程度の『休息法』だという結論になりそうなものじゃが、特筆すべきは、瞑想初心者であっても6日後には脳内のアミロイドβが減少していたということじゃ。つまり、アミロイドβというアルツハイマー病の大敵にも、瞑想は効果を持ち得るというわけじゃな。

ちなみに、瞑想経験者たちはもともとアミロイドβの数値が低かったそうじゃが、6日間の瞑想を継続した結果、ウイルス感染への抵抗に関係する遺伝子に変化が生まれ、テロメラーゼの活性が高まったというデータが出ている（統計的有意差は境界域）。

短期的にはストレス軽減と脳の老廃物除去が進み、さらに継続していけば免疫力アップやテロメア伸長も見込める――瞑想の効果は、もはや単なる〝気のせい〟のレベルを超えていて、エビデンスつきで実証されているものが数多くあるんじゃ」

世界のエリートがやっている最高の休息法――マインドフルネス

「そうなのね！　でも……時代遅れだって言われるかもしれないけど、瞑想ってどうしても抵抗があるのよね。なんだか怪しいカルト教団がやっていそうな……」

「ふむ、いかにも瞑想にはそうしたイメージが付着しているようじゃな。実際、ほとんどの瞑想には宗教的なバックグラウンドがある。しかし、そのなかでも原始仏教に起源を持つある種の瞑想が、宗教性を排除した非常にシンプルな形で西洋に〝輸入〟されたんじゃ。古くは19世紀、ビクトリア朝時代のイギリス人がスリランカから持ち帰ったと言われておる。それが**マインドフルネス**（Mindfulness）じゃ！」

「マインドフルネス……？　その単語、日本でも聞いたことがある気がする！　たしか、グーグルでも実践されている最高の休息法なのよね？　それにしても、なぜそんなに人気が出たの？」

　私の質問に対して、スコットは3つのポイントをあげた。

①シンプルで誰にでも実践できる
②学術的な裏づけがある
③脳や遺伝子への効果がある

「第一に、マインドフルネスは宗教色をカットして、瞑想の効能にフォーカスしている。いわば脳と心を休めるための技術群じゃな。誰にでも簡単に実践できて、しかも道具も場所も必要ない、非常にシンプルなメソッドであるがゆえに、『効果のあるものはどんどん取り入れていこう』という先進的な考え方を持つ人々には、急速に広がっていった。

その代表格がシリコンバレーにあるIT企業じゃ。グーグル式マインドフルネス研修の**SIY**（Search Inside Yourself）が最も有名じゃが、それ以外にも相当な数の企業やその経営者が実践している」

なるほど、特定の宗教とは関係がないのか。そう聞いて安心する。

「それにしても、どうして科学者たちの世界で、そこまで瞑想の研究が進んでいるの？」

「相変わらずいい質問をするな」スコットが満足そうににんまりと笑う。

「マインドフルネスがここまでの普及を見せた原因としては、**ジョン・カバットジン**の功績が大きい。彼は、既存の瞑想をマインドフルネスとして方法化し、しかもその効果を科学的に検証する試みを積極的にはじめた。

彼は東洋起源の瞑想をもとにして、**マインドフルネス・ストレス低減法**（**MBSR**／Mindfulness-Based Stress Reduction）というパッケージをつくりあげたんじゃ。瞑想の科学はここからはじまったと言える」

脳の「機能」が高まり、「容量」が大きくなる

それにしても、単に目を瞑って心を落ち着けるだけで、アルツハイマー病の症状が改善するとはとても思えない。

「そして最後、3つ目のポイントじゃ」私の思いを読み取ったかのように、スコットが指を3本立てた。

「脳と遺伝子ね？」

私の言葉にスコットの目がキラリと光る。

「マインドフルネスが脳を変えるということは、もはや常識になりつつあると言っていいじゃろう。[*82] 脳というのは、800億以上のニューロンがシナプスによって連結されたものじゃ。そして、その接続はさまざまな条件によって絶えず変化している。脳はコンピューターに似ているが、そのスペックや機能の面で無限に変化し得る可塑性を持つという点では、コンピューターとは大きく違うとも言えるな」

私は、以前のことを思い出して言った。

「スコット、じつはナナとここで再会したとき、事前に私と電話で話していたことを、彼

女ったら全部忘れていたの。『これから会いに行くよ』って伝えていたのに、いざ顔を見たら『あら、ミワちゃん、どうしたの?』なんて言ったのよ。私、それが本当にショックで……。マインドフルネスが脳を変えるなら、記憶力アップも見込めたりするの?」

「ふむ、まあ、その日はアキコもたまたま調子が悪かったんじゃないかな。いずれにしろ、マインドフルネスが脳の老化をスローダウンするのはまず間違いないが、なかでも言われているのが、記憶に対する効果なんじゃ。ガードらは、年齢とともに衰えやすい種類の記憶(流動性記憶)の能力が、瞑想を継続することで維持されやすくなる可能性を報告している[*83]。さらに、2つのメタ解析研究(60歳以上の高齢者対象を含む)では、マインドフルネス的介入としての太極拳が認知機能全般を改善することも示されておる[*84]」

そうなのか。やはり希望の持てる話だ。

「変わるのは脳のネットワークだけではないぞ。物質としての脳そのものが変化するんじゃ。簡単に言えば、脳の容積が大きくなるんじゃよ[*85]。

カバットジンらの研究によれば、MBSRを8週間にわたって実践したところ、大脳皮質(脳の表層の最も進化した部分)の厚さが増したという。別の研究では、左海馬、後帯状皮質、小脳で灰白質の密度増加が見られたというから、とくに記憶に関連する脳部位が強化される可能性が高い」

瞑想を継続すると、脳が大きくなるなんて……にわかには信じがたい。私はてっきり、脳は劣化していく一方なのだと思っていたが、どうやらそうした俗説はとっくに覆されているらしい。これらはすべて科学的なエビデンスに裏づけられたファクトなのだ。なんということだろう！

脳は「疲れる」ようにできている——デフォルト・モード・ネットワーク

「……それで、いったいどういうメカニズムで、瞑想は脳を変えていくの？」

私は身を乗り出してスコットに質問した。いつのまにかすっかり彼のペースになっている。

「その点について注目すべきは、**デフォルト・モード・ネットワーク**（Default-mode Network）の存在じゃろうな」

「……デフォルト・モード……？　何なの、それ？」

「うむ、通常は**DMN**と略されるから、そう呼ぶことにしようか。DMNというのは脳のいくつかの部位から成るネットワークじゃ。

この脳回路は、脳が何もしていないときにも活動することで知られている。アクセルを

デフォルト・モード・ネットワーク（DMN）とは？

内側前頭前野、後帯状皮質、楔前部、下頭頂小葉
などから構成される脳内の回路（ネットワーク）

特徴 1
何もせず、ぼんやり
しているときも働く

特徴 2
脳の消費エネルギーの
60〜80％を占める

特徴 3
自己へのとらわれや
雑念に関係している

踏まなくても車のエンジンが一定の燃料を消費しながらアイドリングを続けるのと同じように、脳のベースライン活動であるDMNは、脳のエネルギーを消費し続けている。

ある研究によれば、脳の全消費エネルギーのうちの60〜80％はDMNの活動にあてられていると言われているんじゃ」

「え？　そんなにエネルギーを消費する脳回路が、何の役に立っているの？」

「それについてはまだ諸説あると言ったところかな。しかし、**自己へのとらわれ**（Self-reference）とDMNが大いに関係しているらしいということはわかっている」

「自己へのとらわれ？」

「たとえば、こんな経験はないかな？　目の前の仕事をやっているつもりなのに、いつの

まにか過去の嫌なことを思い出していた、とか。あるいは、休日をとってバカンスを楽しんでいるのに、休み明けにはじまる仕事のことを考えて憂鬱な気分になっていた、とか。

これらは要するに、自分にとらわれている、とも言うことができる。いまここにあることに目を向けずに、過去や未来に心が奪われている状態じゃ。

どうじゃろう？　普段、何もしていないときですら、ミワの心は過去や未来をうろついていないかな？　ひょっとしたら何かしているときですら、心は『いまここ』にはないのでは？

それを思い出せば、脳の活動エネルギーの半分以上がＤＭＮに費やされているというのは、さほど不思議でもないじゃろう？」

〝いまここ〟に目を向けると「雑念回路」が鎮まる

「……」

何も言い返せない。たしかに思い当たることだらけだ。

しかもここ最近は、仕事中にもサトシとの別れのことを思い出したりして、本当に集中力が続かなくなっていた。

アメリカに来てからも、祖母の今後のことを心配してばかりいる。要するに私の心は四六時中、過去と未来を飛び回ってばかりいて、目の前の現実をちっとも味わっていないのだ。

「かなり大づかみな言い方をすれば、DMNというのは『雑念』を司る脳回路じゃ。この雑念回路の活動があまりにも過剰になっていると、脳は必要以上のエネルギーを使い、どんどん疲れていってしまう」

「そこでマインドフルネス、というわけね？」

スコットの話についていこうと、私は割って入った。

彼はニコリとして続ける。

「そう。マインドフルネスは、DMNの活動が過剰になり、雑念にまみれた脳を鎮めてくれる。

マインドフルネスの脳科学の立役者は、なんと言っても**ジャドソン・ブルワー**じゃな。彼はカバットジンがいたのと同じマサチューセッツ大学のマインドフルネスセンターで研究責任者をしている。

彼の著書『The Craving Mind』（邦訳　久賀谷亮［監訳・解説］、岩坂彰［訳］『あなたの脳は変えられる』ダイヤモンド社）にも詳しく書かれているが、ブルワーはとくにマインドフルネスを使った依存症治療の研究をしてきた人物じゃ。しかし同時にユニークなのが、瞑想をしている人に、自身の脳の状態をリアルタイムに観察させる**ニューロフィードバック**という手法を取り入れたことじゃな。

ニューロフィードバックの装置をつけた瞑想経験者にマインドフルネスを実践してもらうと、**内側前頭前野**や**後帯状皮質**といった部位の活動が一気に鎮まるのが観察された。これらはほかでもない、雑念回路であるDMNの主要部位なんじゃ」*86

デフォルト・モード・ネットワークについては、まだわかっていないこともあるけれど、マインドフルネス瞑想はこの脳回路の中核をなす後帯状皮質の過剰な活動を鎮めるのはたしかということか……。

瞑想をすると心が落ち着くっていうのは、単純な気分の問題なんかじゃなく、脳科学的にも観察可能なファクトなのだ。

酷使された脳からは「弾力」が失われる？

「そして、ここからがいよいよ本題じゃ」スコットがいつものように人差し指を立てる。

「DMNを酷使し続けると、つまり、過去や未来ばかりに思いをめぐらせて、雑念にとらわれ続けていると、脳の疲労につながるということは確認したな。

では、このようなDMN酷使による疲労が蓄積していくと、脳はどうなっていくと思う?」

私はハッとして答える。

「それが、脳の老いの正体ってこと?」

「もちろんこれだけが老化の原因のすべてだというわけではないし、この点についてはまだ仮説の域を出ていない部分もあることには注意してほしい。

たとえば、DMNはタスクをしていない平常時にもベースライン活動をしていると言ったが、何か具体的な作業をするときにも、後帯状皮質の活動は高まるんじゃ。ただし、作業を終えると、この活動レベルはベースラインにまで戻っていくがね。

しかし興味深いことに、若い脳と老いた脳を比較すると、タスク後にベースラインに戻るまでのスピードに違いがある。

若い脳はタスクを終えたら、すぐに落ち着いた状態に戻っていくが、老いた脳はなかなか後帯状皮質の活動が鎮まっていかない。年齢とともにこの戻りは鈍り、アルツハイマー病の人ではさらに戻りが悪くなることが知られている」[*87]

「歳をとると、お肌にハリがなくなって、弾力が失われるのに似ているわね。今朝なんて朝食をとったあとに洗面台の鏡に向かったら、シーツのあとが顔に残っていたの。20代のころだったらそんなこと絶対になかったのに……」

それを聞いたスコットは大声で笑っている。なんだこの老人、自虐ネタを言ったのはこちらだけれど、もうちょっと遠慮して笑ってもいいんじゃないか。

「……いや、すまんすまん。たしかにそうじゃな。とにかくわしが言いたかったのは、後帯状皮質を含むDMNが酷使され続けると、脳の活動の『戻り』が悪くなり、アルツハイマー病患者の脳に似た状態になっていくんじゃないかということなんじゃ」

DMNの過剰な活動が慢性化している脳、つまり、雑念まみれの脳ほど、老いやすいということか。

「アミロイドβの存在は覚えているかな?」

スコットが聞いた。

「もちろん覚えているわ。脳内に溜まっていく老廃物ですよね?」

「そうじゃ。DMNを使いすぎている人ほど、アミロイドβが関連部位に集中して蓄積することが確認されている。[*88] 人生を通してこの神経を使い過ぎると、脳のカスが溜まりやすくなり、アルツハイマー病を発症する可能性が高くなるのではないかという指摘もあるんじゃ。[*89]

遺伝的にアルツハイマー病になりやすい遺伝子型があることはすでに話したが、彼らのDMNは安静時であってもかなり活動レベルが高いことがわかっている。[*90] つまり何もしていないときでも、雑念回路が働き続けてしまっているわけじゃな。

また、アルツハイマー病の要因の一つに、『教育水準の低さ』があげられていた（１２８ページ）のも、じつはDMNとの関連性が指摘されている。

というのも、教育を受けた人の脳では、ほかの脳回路が活性化する結果、DMNの活動が低下することがわかっているからじゃ。逆に、教育歴が十分でない脳では、雑念回路がなかなか休まらないので、アルツハイマー病のリスクが高まるのではないかと考えられる」

3カ月の瞑想で「若返り酵素」の活性が17%アップ！

「ということは、マインドフルネスは、お肌にハリとか潤いを戻す美容液のような役目を果たしていると？」

「うむ、勘がいいな。マインドフルネスは、一時的に高まった脳の活動レベルをしっかり元のベースライン水準にまで引き下げる役割を果たしている可能性が高い。いわば脳に『柔軟さ』をもたらし、活動の『戻り』をよくしているというわけじゃな。実際、マインドフルネスが脳内のアミロイドβの状態を変え、アルツハイマー病になりにくい状態をつくっているのではないかと示唆する研究は多数ある。[*91] これは瞑想一般に見られた検証結果とも合致する」

スコットの目がまたギラギラと輝き出した。こうなるともう彼のレクチャーはとまらない。

「そして！　テロメアじゃ」

「あ、例の寿命のバイオマーカーね」

私は慌てて相槌を打つ。

「いかにも。マインドフルネス・ストレス低減法（ＭＢＳＲ）を実践したことで、テロメアがより長く保たれたという研究報告がある。[*92] また、マインドフルネスを行った結果、3カ月後にテロメラーゼの活性が17％も上昇したというから驚きじゃ。[*93] テロメラーゼはテロメアの修復や維持を司っている酵素じゃったな。

ちなみにメタ解析研究では、マインドフルネスは中等度の効果量（d=0.46）でテロメラーゼを上昇させることが示されておる[*94]」

「つまり、マインドフルネスは脳を変えるだけでなく、遺伝子すらも変える？」

「そうなんじゃ。心のさまよい（つまり、DMNの過剰な活動）はテロメア短縮を促進してしまう。逆に、雑念回路を鎮めてくれるマインドフルネスは、テロメアを短くする要因を取り除き、テロメアの修復を助けてくれる。マインドフルネスは長寿遺伝子にも影響し得るんじゃよ。

ただし、さっきも言ったが、いまの時点ですべてが確定しているわけではない。科学の最先端がいままさに探究している領域じゃからな。今後もっとデータが出てくることで、新しい発見が期待されているんじゃ」

「呼吸」に意識を向けて、脳を若返らせる——マインドフルネス呼吸法

「知らない話ばかりで驚いたわ。でも……私の偏見かもしれないけど、やっぱり瞑想って

怪しいイメージがあるのよね……」

「そうかい。もちろん、抵抗があるなら無理して取り入れなくてもいい。しかし最初にも言ったとおり、マインドフルネスからは宗教性は排除されている。実用好みのアメリカ人でも取り組めるよう、瞑想の〝おいしいところ〟だけを抽出したのがこの方法なんじゃ。よかったらミワもやってみないか？」

「え、ええ……そうね。でも、私みたいな雑念まみれの人間でもできるかしら……」

「安心せい、できるとも！　そこの椅子に腰かけてごらん。背筋は軽く伸ばして、お腹はゆるめる。どこかに力は入っていないかな？　身体の力を抜くようにしよう。目は軽く閉じたらよい。そうそう、いいぞ」

やれやれ、日本で坐禅すら組んだ経験がない私が、アメリカに来て瞑想をやることになるとは……。困惑する私に気づかない様子で、スコットはうれしそうに解説を続けてくれる。

「よし、準備ができたら、呼吸をしてみよう。といっても、別に深呼吸をする必要はない。むしろ、いまの瞬間まで意識せずにしていたのと同じように、ただ呼吸を続ければいい。

では、呼吸に注意を向けてみよう。といっても、よくわからんかもしれんな。コツは『呼吸に関係する感覚』を意識してみることじゃ。吸った空気が鼻を通る感覚、それが身体に入ってお腹が膨らむ動きなどに丁寧に注意を向ける」

引き続き、指示どおりにやってみるが、特に何も手応えがない。

……なんなんだ。シンプルな方法だとは聞いたが、これではあまりにも簡単すぎる。本当にこれでDMNが鎮まっているのだろうかと心配になるが、スコットが黙っているので仕方なく目は瞑ったままにしていた。

「雑念を消そう！」と努力する必要はない

こんなことをしているうちにも、祖母の老化は進んでいるのではないだろうか。いや、祖母だけじゃない。私自身もいままさに刻一刻と老いているのだ。脳裏に昨晩見た「3人の老婆」の悪夢のことが蘇る。

「そろそろ、雑念が出てきたころじゃな？」スコットの声が聞こえる。図星だ。

「呼吸に注意を向けていたはずが、ミワの脳はいつのまにか、『いまここ』にある呼吸ではなく、過去や未来のほうへふらふらとさまよい出たはずじゃ。これがDMNの活動、脳を疲労させている『自己へのとらわれ』じゃ」

悔しいけれど、スコットは私の心をすっかりお見通しだったようだ。

「ご、ごめんなさい……つい……」

私の言葉を受けてスコットが慌てて付け加える。

「いやいや、そうじゃないんじゃよ、ミワ。マインドフルネスの第一歩は、まずそうやって自分の心がさまよっているのだと『気づく』ことなんじゃ。雑念まみれの脳は、ふだん自分が雑念にまみれていることすらわかっておらんからな。それに気づけただけでも、ミワの脳はこの数分前よりもはるかに成長したと言える」

「そう言われると、ちょっと安心するわ」私はスコットに微笑みかけた。

「……それで、どうやったらこの雑念を消せるの？」

スコットはゆっくりと深くうなずいて言った。

「雑念を消そうとする必要はない、いいいいいいいいい！」

「えっ？」

思わず私は目を開けて彼のほうを見る。

「ど、どういうこと？」

「マインドフルネスの目的は雑念を消すことではない。呼吸を意識しているときに、心がさまよっているのに気づいたら、ゆっくりとまた注意を呼吸に引き戻す。それだけじゃ。それでもまた雑念が出てきたら、また同じようにそれに気づき、呼吸に向き合う。それを繰り返せばいい。

これがマインドフルネスの最も基本的なかたち、**マインドフルネス呼吸法**じゃ。さあミワ、いまから10分、ひとまず一緒にやってみよう」

＊　＊　＊

そこからの10分は、私にとってかなり苦痛だった。何もしないで「いまここ」だけに集中するのがこんなに大変だなんて……。10分のあいだに、どれほど注意があちこちへ飛び回ったことか……。頭には考えがひっきりなしに往来しており、むしろ雑念に支配されていた時間のほうが長かったくらいかもしれない。

「ふむ、最初は誰しもこんなものじゃよ。肝心なのは、思ったように集中できなくても、自分を責めないということじゃ。これを毎日10分でも続けてごらん。だんだん心がさまよわなくなっていくのが実感できるはずじゃよ」

こんなことで本当に……？　私の葛藤を見抜いたかのように、スコットがやさしく付け加えた。

「現状の科学的探究の成果を踏まえるなら、マインドフルネスは脳を老いさせないための最も効果的な方法の一つだと言えるじゃろうな。しかも、ここまで簡単に実践できるものはそうそうない。これこそがまさに脳が老いない世界一シンプルな方法なんじゃよ」

Lecture 6

老化とは「脳の進化」である

老いのポジティブサイド

「やあ、ミワ」

シニアハウス〝エターナル〟のジュニア棟にある居室を出て、「三途の川《ステイクス》」と呼ばれる渡り廊下を歩いていると、後ろから声をかけられた。管理人のカルビンだ。

「やっぱり残ることに決めてくれたんだね。ありがとう！　それともお礼はスコットに伝えるべきかな？」

そう言って彼は柔和な笑みを浮かべた。


正直なところ、瞑想で脳が変わっていくなんて、まだ信じられなかった。しかし、先日のスコットのレクチャーと10分間の瞑想が私に何ももたらさなかったわけではない。

エターナルを去る——一度はそう決めたはずの私の心が、大きく変化していたからだ。

「カルビン、こないだは面倒なこと言っちゃってごめんなさい。先週はいろいろとあって動揺していたの。でももう大丈夫よ。これからもよろしくね！」


「ミワ……」ちょっとした沈黙のあと、カルビンは静かに切り出した。

「じつはずっと気になっていたんだ。君とスコットが初めて会ったときに、彼が言ったひとことを覚えてる？　彼はたしかに『老いるのが怖いんじゃろ？』と言った。ミワはあのときそれを否定していたけど……ひょっとして、何か思い当たることがあるんじゃないかな?」

私はハッと息を呑んだ。そう、あのとき彼はたしかにそう言っていた。そしてその言葉は私のなかでも引っかかっていた。

「ど……どうしてそんなことを聞くの?」

声が震えているのが自分でもわかる。この繊細な黒人の青年は、私の様子が変なのにすぐ気づいたようだ。慌てて口を開く。

「ご、ごめん! 決して君を困らせるつもりはなかったんだ。ただ……もしもスコットが言っていることが本当なら……君に〝エターナル〟滞在をすすめたのは迷惑だったんじゃないかなと思って……」

脳を老いに「順応」させる――異世代交流と脱感作

「それなら心配に及ばんよ」

不意に後ろから声が聞こえる。立ち話をしていた私たちが振り返ると、シニア棟のほうから「三途の川」を渡ってスコットが近づいてくる。

「老いへの恐怖を軽減するうえでは、異世代間の交流が有効じゃ。[*95] 実際、若年者と高齢者が交流したことで、若年者の老いへのステレオタイプが軽減したという報告がある」[*96]

「まさにこのシニアハウスがやっていることですね」

カルビンがうれしそうに答える。そう、〝エターナル〟は若者と高齢者が同居する「異世代交流シニアハウス」なのだ。

「うむ。ある研究では、高齢者の映像を繰り返し見るだけでも、老化へのネガティブな感情を緩和する助けになるとさえ言っている。最初は老いに対して抵抗感があった人でも、老人の映像を継続して見ていると、だんだんと脳が順応してきて、老化を異なる視点で眺められるようになるんじゃ。これを**脱感作**という。ただし、あまり急激に脱感作を進めようとすると、かえって老いへの抵抗感を強めてしまうこともあるがな」[*97]

さまざまな世代が一つ屋根の下で暮らしていた時代と違い、核家族化が進んだ現代では、異世代の多様な価値観に触れる機会が減っている。その結果として、老いへの恐怖が生まれやすくなっているのだ。

老いがますます「得体のしれないもの」になっていくいま、それを解決する最もわかりやすい方法が、この〝エターナル〟のような取り組みなのかもしれなかった。

実際、こうして毎週のようにスコットと話をするのも異世代交流にほかならない。そう言われてみると、最初はずいぶんと奇異に思えたこの老人の容貌もかなり見慣れてきたような。

「……ああ、そうか。今日は金曜日だから例のレクチャーの日だね。2人の邪魔になるといけないから、僕はそろそろ行くよ」

カルビンはそう言って、反対側の「川岸」、シニア棟のほうへと消えていった。

「カルビンはいつも落ち着いているな。まさにマインドフルな心の持ち主、そう思わんか、ミワ?」

カルビンが去っていった方向を見ながら、スコットが呟いた。たしかに彼の言うとおりだ。この〝エターナル〟の不思議な居心地よさは、彼の細やかな気配りがなければ実現していないだろう。

「本当にそうね……ところでスコット、いま彼にも言われたんだけど、あのときどうして私が『老いを恐れている』とわかったの?」

私は思い切って例の件を切り出した。

「ふむ……それはじゃな……もちろん隠すつもりはないんじゃが、わしにも質問させてくれんか。君はいったい何をそんなに恐れておるんじゃ？」

「そ、それは……」一瞬言い淀むが、なんでもお見通しといった感じの彼の目を見ていると、何も隠し立てはできないという気がしてくる。

「私がエンジニアの仕事をしているというのは知ってる？」

私は「エルピスⅡ」のことを打ち明けることにした。

大手コスメブランドとの共同プロジェクトで「エイジング・シミュレーター」を開発していること、それは化粧品の販売促進のために、顧客たちの「老いへの恐怖心」を煽る装置であること、そして、ほかでもなく開発者である私自身が「50年後の自分」の幻影にとらわれ、その影にいつも怯えるようになってしまったこと――。

スコットはピクリとも表情を動かすことなく、黙って私の話に耳を傾けていた。怒っているのだろうか。怒っているに違いない。私は化粧品メーカーの営利のために、人々をジェロントフォビア（老化恐怖）の谷へと突き落としていたのだから……。スコットは言っていたではないか。老いへの恐怖こそがかえってテロメア短縮を招き、老化を促進してしまいかねない、と。

「スコット、いままで黙っていてごめんなさい。私、ずっと悩んでいたの。こんなものを開発することが、本当にみんなを幸せにするんだろうかって。でも結局、いちばん老いにとらわれていたのは、私自身だった。だからここに来て、変わり果てたナナの姿を見たとき、心のどこかがおかしくなってしまったんだと思う。もう……いったいどうすればいいのか、わからない……」

スコットは私の謝罪に対して、何も答えようとしなかった。彼が毎週のようにエイジング・サイエンスの講義をしていた生徒が、じつはアンチエイジング至上主義の片棒を担いでいたとなれば無理もない。普段は温和なこの老人も、さすがにはらわたが煮えくりかえっているだろう。

恐る恐るスコットの顔を見るが、その表情からは、彼が考えていることはまったく読み取れない。

……と、スコットが口を開いた。

「アキコ、つまり君のおばあさんもまた、若いころはずっと老いることを嫌悪していた。いつか老いれば、自分のなかにあるみずみずしい感性や創造性が失われて、アーティストとして用済みになるのではないかと恐れていたんじゃ。

ミワ……君を初めて〝エターナル〟のデイルームで見かけたとき、君が老人たちを見る目は、若いころのアキコそっくりじゃった。だからじゃよ、『この子は老いを恐れている』と感じたのは」

あのナナが……。知らなかった。結局、母も私も、そして祖母も……3人ともがそれぞれの仕方で「老い」にとらわれているということか。

呆然としている私にかまわずスコットが言った。

「さあ、廊下での立ち話はこれくらいにしよう。今日のレクチャーは久しぶりにわしの部屋でどうじゃ？　新しい緑茶を取り寄せたんじゃ」

「老いをどう捉えると、トクするか」という視点

「老いへの恐怖は誰にでもある――」急須のお茶を注ぎながら、スコットが話しはじめた。

「それをどう克服するかは個人の問題じゃ。ただ、それを助けてくれる方法はいくつかあるし、それを教えることはできる」

スコットが淹れてくれた湯呑みのお茶を受け取りながら、私はうなずく。

「ミワは、老いにはどんなマイナス面があると思う？　まずはセンテンスのかたちでたくさん書き出してみよう。『老いは○○だ』という具合にな」

「マイナス面？　それなら任せて。ええーっと、そうね……『老いは衰え、退化、つまらない、機能低下、無価値、醜い、不快……』」

これならどれだけでも出てきそうだ。私がノートに書ききる前に、彼は間髪入れず続けた。

「よし。では、そのセンテンスを心に浮かべたときの気持ちを言ってごらん」

「え、『暗い』『希望がない』とか？　あとは『滅入る』『不安になる』……」

「では、その気持ちになったときに、ミワはどういった行動をとる？　動詞をあげてみよう」

「うーん、『逃げる』『引きこもる』『焦る』『諦める』『用心深くなる』『隠そうとする』……って感じかな……」

「うん、いいぞ。ただし、これを無理やり変える必要はない。『こういう認知を自分は持っていて、だからこそ、そこからこういう感情・行動が生まれている』という事実をまずはそのまま受け入れよう」

たしかにそのとおりだ。私は老いに対するネガティブな認知を持っていて、それがさまざまな動揺を生んでいる。サトシに別れを告げられたときに、「若さに負けた」と考えたのもそう、エイジング・シミュレーターの開発プロジェクトに手をあげたのもそう、「50年後の自分」の幻影にとらわれているのもそう……。

「次に、最初にミワがつくったセンテンスから『反対文』をつくってみよう」

「反対文？　つまり、逆の意味にするってことね」

私はスコットに言われたとおり、先ほどのセンテンスの隣に真逆の文を書いていった。

・老いは衰え　――　老いは成長
・老いは退化　――　老いは進化
・老いはつまらない　――　老いは楽しい
・老いは機能低下　――　老いは機能向上
・老いは無価値　――　老いは有意義
・老いは醜い　――　老いは美しい
・老いは不快　――　老いは快い

「どうじゃ？　こういう認知があった場合、どんな感情が生まれると思う？」

「うーん、なんていうか……前向きな気分」

スコットは満足そうにうなずく。

「で、それはどんな行動に結びつく？」

「もっと自分を伸ばしたくなる。運動したり勉強したり、もっとアクティブになると思う。いまある長所を伸ばしたり、残っている機能を大事にしたり、効率を高めたり……。あとは……自分をケアする、身なりに気を配る、もっと個性的になる、自然に任せるという動詞が思いついたわ」

「ほう、ずいぶんたくさん出てきたな。では聞くが、老いをネガティブに捉えた場合とその逆の場合、どちらがより自分の幸福につながる行動を生み出すと思う？　君自身が健康的に歳をとっていくうえで、どちらがより助けになると思う？」

私はノートに目を落とした。私は迷わずに答えた。

「後者ね」

「さあ、そのうえでもう一度、この2種類のセンテンスたち（認知）を眺めてみよう。ミワ、君はどちらの認知も自由に選ぶことができる。老いをどのように捉えるかは、君次第じゃからな。そのとき、どちらの選択肢を選ぶ？」

考えるまでもなかった。もちろん後者だ。スコットがいつものクシャッとした笑顔を見せた。なんだかホッとしたような気分になる。

思考グセの「書き換え」から「受け入れ」へ——認知療法とACT

不思議だった。普段から後者のような認知（老いは成長、老いは進化、老いは楽しい……）を持てばいいのに、私はあえて不利益な行動を招く認知のほうを選んでしまっている。スコットに言われた順序で考えていくと、むしろ自分の考え方は変えられて当然だというような気がしてくる。

「認知療法の大家であるデビット・バーンズはこう書いた。『どう考えるかによって、あなたの気分も行動も規定される。どう考えるかを決められるのは、あなた自身だけだ』。[*98] いま君がやったのは、認知療法のなかでもより進化したACT（Acceptance and Commitment Therapy）という方法を簡略化したものなんじゃよ。

ＡＣＴは１９９９年に生まれた一種のカウンセリング法で、マインドフルネスや認知療法の考え方を土台にしておる。[*99] 従来の認知療法はどちらかと言えば、古い認知を書き換えることを目的としていたのに対し、ＡＣＴのポイントはそれを受け入れること（Acceptance）じゃな。

これはまさにマインドフルネスの本質でもある。呼吸から注意が逸れても、自分を責める必要はないと言ったのを覚えているかな？　雑念を抑えつけるのではなく、雑念が生ま

ACTの4ステップ

STEP 1 認知に気づく

センテンスにして書き出すことで、老いに対するネガティブな認知、そこから生まれる感情・行動などを顕在化させる。そして、これを無理やり変えようとせず、いったん受け入れる

STEP 2 認知を観察する

さきほどのセンテンスの反対文をつくることで、認知を解きほぐし、より分析的に眺められるようにする

STEP 3 価値を確認する

自分にとってより大事なのは、よりよく歳をとることだと再確認する

STEP 4 行動する

価値観に沿った認知を改めて「選択」し、それに沿った行動をとっていく

れたことをあるがままに『受け入れる』のが、マインドフルネスじゃ。

　それと同様にACTも、すでに持っている考えを無理やり変えさせるのではなく、ひとまず受容させる。そのうえで、自分の価値に基づいて選択をさせて、本人の意思で行動を起こそうとさせる方法なんじゃ。日本で生まれた**森田療法**の『あるがままに受け入れ、それでいて行動をする』という考え方にもよく似ているな」

「つまり、いきなり考えを変えなくてもいいのね？」

「うむ、考えや気持ちをまず受け容れる。認知療法との違いはそこじゃ。老いに対する思い込みなんて、なかなか変わりづらいじゃろう。ただ、それを全部消し去ることをしなくても、必要な行動変化を生み出すことはできるんじゃ」

　老いへの嫌悪感を無理に消す必要はない。そう言われると、なんとも気持ちが楽になる。

どんな「喪失」にも負けない幸福——心理社会的発達理論

「ズズッ」手元のお茶をすすってスコットが続けた。

「ここまでは認知レベルの話をしてきたが、事実として老化にはポジティブな面がある。なぜその点に気づけないかと言えば、ほとんどの人は老化を『身体の現象』としてしか捉えておらんからじゃ。身体の老化にばかりフォーカスしていては、まさにアンチエイジング産業の思うツボになる」

う……耳が痛い。私への当てこすりだろうか。気づかないふりをして私は相槌を打った。

「なるほど。老いへの恐怖から解放されるには、老化を『心の現象』としても見直して、そのポジティブな面にも光をあてる必要があるってことですね」

「死ぬまで『内面の老い』の価値に気づかないままの人もいる。30代、ひょっとしたら20代のうちからもっと内面に目を向けられるようになれば、現代人の『歳のとり方』は大きく変わるはずじゃ。われわれはあるとき外見の加齢変化に気づかされるわけじゃが、これは一種の知らせ、『内面の成長へと重心を移しなさい』というシグナルなんじゃよ」

それにもかかわらず、私たちはそのシグナルを見て見ぬ振りをしている。必死にそれを無視し、人に気づかれないよう覆い隠そうとする。

「元祖・美魔女」などとメディアにもてはやされている母の顔が思い浮かんだ。表向きには「メイクを落とさずに寝ちゃうこともあるし、いつも食べたいものを好きなように食べているだけ」などと吹聴しながらも、家では小じわを見つけるたびに半狂乱になっていた母——。彼女もまたシグナルから目を背け続けていたのだ。

エリクソンの心理社会的発達理論

発達段階	課題	徳目
乳児期	基本的信頼vs.不信	希望
幼児前期	自律性vs.恥・疑惑	意志
幼児後期	積極性vs.罪悪感	目的
学童期	勤勉性vs.劣等感	有能感
青年期	同一性vs.同一性拡散	誠実さ
成人期	親密性vs.孤立	愛
壮年期	世代性vs.停滞	ケア
老年期	統合性vs.絶望・嫌悪	叡智

「人間の内面的な成長は、『子ども→大人』というような単純なものではないし、大人になれば変化がとまるわけでもない。

たとえば、人間の発達を『乳児期・幼児前期・幼児後期・学童期・青年期・成人期・壮年期・老年期』という8つの発達段階で捉えた**心理社会的発達理論**が有名じゃな。これはドイツ系アメリカ人の精神分析家、**エリク・エリクソン**が唱えた考え方じゃ。

エリクソンによれば、それぞれの発達段階には固有の**発達課題**がある。たとえば青年期であれば同一性（自分が何かということ）、成人期では親密性（誰かを愛することができるか？）という具合じゃ。各段階でこれらを獲得できるかどうかに、人間のパーソナリティ形成は大きく左右される。[*100]

身体の老いは、次のステージに進む際のヒントなんじゃ。それを見逃して、課題を放置していると発達が不十分になり、それぞれの段階で要求されることにうまく対処できなくなる。

逆に、身体の老化をうまく受け入れながら、内面を発達させられた人は、その先に待ち受けるどんな喪失にもめげない、最高の幸福感を得ることができるというわけじゃ」

エリクソンの発達段階だと、私は成人期だ。ということは、発達課題は親密性——誰かを愛することができるか、それとも孤立することになるのか——ということになる。サトシの顔が頭に浮かび、チクリと胸が痛む。

孔子の「耳順」とエリクソンの「統合性」

「……そ、それで肝心の壮年期や老年期にはどんな課題があるの？」

私の質問にスコットが答えた。

「壮年期には『世代性』と停滞、老年期には『統合性』と絶望・嫌悪が課題になる。

世代性とは、自分の命が次世代へ引き継がれていくことを受け入れ、次世代を守るための利他的な行動が取れるかどうかということじゃな。環境問題に取り組む人が『自分の子どもたちの世代によりよい地球を残したい』と語っていたりするのは、まさに世代性の獲得と言える」

「老年期の課題の**統合性**ってのは？」

「これは、自らの人生を自らの責任として受け入れ、死に対しても安定した態度を持てることだとされている」

うーん、わかるようなわからないような……。私の曖昧な表情を読み取ったのか、スコットは補足を加える。

「こうした考え方は、エリクソンをわざわざ参照せずとも、東洋にもあるじゃろう。ほれ、『**論語**』にある言葉じゃ」

そう言ってスコットは手元のタブレットを見せてくれた。

子曰
吾十有五而志于学
三十而立
四十而不惑

五十而知天命
六十而耳順
七十而従心所欲不踰矩
（吾《われ》、十有五にして学に志し、三十にして立ち、四十にして惑わず、五十にして天命を知る。六十にして耳《みみ》順《したが》い、七十にして心の欲する所に従えども矩《のり》を踰《こ》えず）

あまりにも有名な孔子の言葉だ。

「エリクソンは、『統合性』を課題とする老年期のはじまりとして、60歳くらいを想定している。それに照らすと、孔子のほうは『耳順《じじゅん》』か。これはまあ『素直に受け入れる』というような意味合いじゃな。

いまは寿命も延びて時代も変わっているので、現在の年齢の7掛けぐらいで考えるべきなどとも言われているようじゃが……。いずれにしろ、孔子も『人間は一生をかけて成長していくものだ』と考えていたわけじゃな」

記憶力の低下には「順序」がある――流動性記憶と結晶性記憶

「ナナの内面はどうなんだろう……なんだか記憶も曖昧みたいなのよね。訪ねてきた人の名前を思い出せなかったり、昨日のことを忘れたりもしているし……『統合性』どころじゃない気がするわ」

思わずため息まじりで私がつぶやくと、スコットは静かに何度かうなずき、ゆっくりと口を開いた。

「うむ、アキコはたしかに**近時記憶**（数分から数日の記憶）が減退しているようじゃな。とはいえ、おそらく**即時記憶**（数秒から1分）のほうはそこまで低下していないんじゃなかろうか。たとえばミワが3つくらいの言葉を言ったら、その場でそれを繰り返すことはできるじゃろう？」

たしかにスコットの言うとおりだ。昨日も私が「買い物へ行くけど、○○と○○と○○は足りてる？」などと聞いても、会話に困ることはない。私がうなずいたのを見て、スコットは話を続けた。

「ふむ、やはりな。アキコに起きているのは、じつは高齢者としてはかなり典型的な記憶低下じゃ。つまり、近時記憶は衰えていくが、即時記憶は保たれているというパターンじゃな」

「記憶について言えば、もう一つびっくりしたことがあったわ。彼女、お金の管理とか計算とかの処理スピードはずいぶん落ちているのに、色鉛筆とスケッチブックを渡したら、やっぱり素人には考えられないようなスピードと精緻さで絵を描いたの」

私はスマホを開いてスコットに見せた。祖母の描いた絵を撮影しておいたのだ。

「それは**流動性記憶**と**結晶性記憶**の違いで説明がつく。

流動性記憶、つまり、目の前にある作業の処理能力に関わる記憶力が、年齢とともに低下しやすいのはわかっている。それに対して、結晶性記憶、つまり経験に基づいて覚えた作業能力というのは、むしろ年齢とともに成長するようなんじゃ。*101 この現象を**熟達化**という。

たとえば、タイピストは高齢者になっても、年齢によるスピード低下があまり見られない。長期的に蓄えた記憶に素早くアクセスすることで先を読み、それまでにないかたちで能力を発揮し続けるんじゃ。これはさまざまな職人芸の領域に見られることじゃな」

スコットはふと黙り込んで、祖母の描いた絵に目を凝らした。

「それにしてもすばらしい……」

鮮やかな黄色の壁を背景に、花瓶に活けられた花が、溢れ返らんばかりに紫の花弁を咲かせている。色鉛筆で描かれたとは思えないほど美しい色彩だ。

「……これ、何の花なんだろう……」

私がポツリと言うと、スコットが静かに言った。

「なんだ、知らんのか。これはゴッホじゃよ。ニューヨークのメトロポリタン美術館にあるゴッホの『アイリス』という油絵をモチーフにしている」

そう語りながらスコットは何かを思い出すように目を細めた。

加齢に伴って脳は「進化」する——HAROLDとPASA

「短期記憶や流動性記憶の低下は、脳の老化に一因があるわけじゃが、これは老いた脳が『新たな進化』を遂げている表れでもある」

ぼんやりしかけていると、スコットがいつものように人差し指を立てて付け加えた。彼が大事なことを言うときの癖だ。

「え？　新たな進化……？」

「そう、もちろん文字どおりの生物学的な進化ではないがな。老いてなお、脳は変化を続ける。近時記憶が衰えてきた老人の脳内では、前頭葉と後頭葉の連結を強めることで、記憶を維持・改善しようとする補塡システムが働いていることがわかっているんじゃ。[*102]

それだけじゃないぞ。たとえば、加齢に伴って脳が縮んでいくのはすでに話したとおりじゃが、なぜか脳の萎縮率と認知機能低下には相関が見られにくいんじゃ」

「つまり、脳が小さくなっているのに、なぜか意外と認知力は保たれている、ってこと?」

「まさに! そこで考えられているのが、『萎縮をはじめた高齢者の脳は、独自の脳回路を形成することで認知機能を維持しようとしている』という説じゃ。高齢者の脳の適応力と進化を示す例を紹介しよう。

たとえば、若者では右側の側頭葉だけの活動で処理しているタスクであっても、高齢者では左右両方を使って対応していることがわかっている。この現象をHAROLD(Hemispheric Asymmetry Reduction in Older Adults:高齢者における大脳半球非対称性の減少)という。[*103]

また、若者と比較すると、高齢者の脳は前頭葉のほうが活発で、後頭葉の活動が低いという現象(PASA/Posterior-Anterior Shift in Aging:加齢における前・後頭葉シフト)も観察されている」[*104]

そうか、歳をとることで内面的な成熟が進むのと同じように、物理的にも独自の変化が起きているということか。

「停滞」を打破すべく、脳の「ブレーキ」が弱まる

「それに関係するのかもしれないけど……以前のナナと比べると別人みたいに感じるときがあって。はっきりは言えないけど……ひとことで言うと、子どもみたいなのよ」

この際、気になっていることは全部聞いてしまおう。そう思った私はスコットに質問をぶつけた。

「アキコにアルツハイマー病の影が迫っていることは、わしも否定せんよ。ただな、高齢者の脳が子どもの脳と類似していることは、科学の領域でもずっと言われていることなんじゃ。

歳をとると、前頭葉の理性を司る部分（前頭前野外側部）が弱まり、感情を司る回路（腹内側前頭前野）が相対的に優位になる。その結果、老人の脳は子どものように感情中心になるわけじゃが、これは発達科学の世界においても、いまだ大きな謎なんじゃ。[*105]

理性を司るクールな前頭葉は子どもでは発達が遅れ、老人では萎縮しやすい。感情を司

るホットな前頭葉（前帯状皮質を含む）は子どもでは発達が早く、老人で萎縮しにくい。脳科学的にはこうした構造的な類似点が裏づけになると見られている」[106]

「なるほどね……ナナって前はもっとキリリとした強さがあって、そこが好きだったんだけどなあ」

それを聞いたスコットがにこりと笑った。

「場合にもよるが、高齢者の脳が生み出す『子どもっぽさ』にも合目的性があるのかもしれんな。そのときの感情に場当たり的に従う傾向は、周囲に『この人を助けなければ……』という気持ちを呼び起こす。

また、やりたいと思ったことに固執し、そこに向かって率直に行動する傾向は、年齢による停滞を打破する助けにもなる。何歳になろうと、たまにははっちゃけることは大事じゃからな」

そう言うと、彼はいつもの奇妙な笑い声を立てた。たしかにこの老人は、どういうわけか「停滞」というものを感じさせない。スコットが2人乗り自転車にまたがって楽しそうにはしゃいでいた姿が思い出された。

「ポジティブな選択」をするようになる脳——社会情動的選択理論

「このような『子どもがえり』と似た現象として、**ポジティブ効果**というものも指摘されておる」

「ポジティブ？　たしかにナナも、どこかぼんやりしている割にけっこう前向きだわ」

「まさにそれじゃ。南カリフォルニア大学のメイザーらは、高齢者はネガティブな事柄よりもポジティブな情報に注目することを脳科学的に示したんじゃ。高齢者に人の表情を見せると、ネガティブな表情よりもポジティブな表情をよく覚えている。詳しい説明は省くが、じつはこの助けになっているのが、脳が老いても感情を司る部位（内側前頭前野と前帯状皮質）のほうは保たれるということと関係しているんじゃよ。[*107]

歳をとると、感情の雑音をカットできるように脳が変化し、そのときの気持ちに振り回されない安定した状態が得られやすいという知見もあるぞ。[*108]実際、この〝エターナル〟にも、話しているだけでこちらがほんわかしてくるような人がいるじゃろ？　そうした多幸感のようなものも、老人特有の〝脳進化〟の産物と言えるかもしれんな」

なんとも人間ってうまくできている。客観的にはつらいことばかりと思われる老後だが、本人にはポジティブなことが目に入りやすいように、脳が調整をしてくれているわけか。

「さらには、高齢者の脳はネガティブな結果につながる行動を避けるようになる。要は、道端の石ころを避けて通るのが上手になるってことじゃ。冒険が減ると言えばそうかもしれんが、失敗の経験に基づいて、より確実でリスクの少ない選択をするようになる。これを**確実性効果**（Certainty Effect）という。[*109]

ポジティブな情報に目を向け、リスクのある行動を避ける——。要するに、自分の満足につながるような活動にリソースを割く選択ができるよう、老人の脳は変化していくんじゃ。スタンフォード大学の心理学者ローラ・カーステンセンが提唱したこの考え方は、**社会情動的選択性理論**（Socioemotional Selectivity Theory）と呼ばれておる」[*110]

5人に1人がたどりつく境地——トルンスタムの「老年的超越」

歳をとることは（少なくとも主観的には）、私が思っていたほどつらいことではないのかもしれない。スコットの話を聞いているうちに、だんだんそう思えてきた。ACTのようなメソッドも心強いが、理系である私は、こうしたファクトのほうにより説得力を感じる。

「人間の脳って、老いていきながらも、それを補うように柔軟に変化していくのね」

私の言葉を聞いて、スコットは満足げにうなずく。

「加齢に伴う脳の変化の極致と考えられるのが、**老年的超越**（Gerotranscendence）じゃ。これはスウェーデンの社会学者トルンスタムが提唱した概念で、要するに、数々の喪失にもめげず、既存の価値観から脱却した高みの視点を獲得した状態を指している。彼の統計では、65歳以上の高齢者のうち、約20％がこの老年的超越に達していたという」[*111]

「へえ、初めて聞いた言葉だわ。老年的超越って、さっきスコットが言っていた『老人に見られる多幸感』なんかとも関係していそうね」

「うむ、それは鋭い指摘じゃな。トルンスタムによれば、このような超越は3つの領域で見られる。まずは社会的な領域。高齢者は限られた人との深いつながりをより重視するようになり、独自の価値観を持つようになる。

2番目は自己の領域。超越に達した老人は、利己より利他の精神になり、自分の身体や容姿へのこだわりが減る。過去のネガティブな出来事すらも肯定的に捉える。

最後は宇宙的領域じゃ。時間や空間の区別がなくなり、現在・過去・未来があたかも一体になったように感じるようになる。また、生死の区別を超越した意識にすら到達し得るのだとか」[*112]

私にもいつか、そんな境地に達する日が訪れるのだろうか。容姿も時間も生死も気にならなくなるなんて考えられない。でも、たしかにそうなれば、きっと幸せなんだろうな、という感覚はある。

「なんだかマインドフルネスにも通じるような話だわ」

「相変わらずミワは興味深いことを言うのぉ。マインドフルネスの世界的大家ティク・ナット・ハンは『悟りの境地は、誕生、死、存在、無から超越した状態だ』と言っている。[*113] すべてをあるがままに受け入れるのがマインドフルネスじゃからな」

「スコット、それにしても、全体の20%しか老年的超越に到達できないってのは、ちょっと残酷ね。もう少しなんとかならないの?」

「トルンスタムによると、『活動的である』『専門的職業に就いていた』『比較的都市部に住んでいる』『大きな病気を多く経験している』といった特徴がある人ほど、老年的超越に達していたそうじゃ。しかし、最も大きな相関性が見られたのは『年齢の高さ』なんじゃよ」

スコットが急に囁くように言う。

「え? つまり、長生きしている人ほど、何にもこだわらず、あるがままにすべてを受け入れる境地にたどりつきやすいってこと?」

「そうじゃ。そして老年的超越にはもう一ついいことがある。社会学者のレヴィによると、この境地に達している人は、加齢のすばらしさや達成感を思い起こすことで、ストレスを軽減できるため、心拍数や血圧上昇も回避しやすくなる。要するに、老年的超越は『健康にもいい』んじゃよ」*114

「自分にやさしくなる」にも技術が必要――メッタ

「老いは一方向的な『退化』と思われがちじゃ。しかし、それは一つのステレオタイプにすぎん。人間の脳がすごいのは、ある機能が落ちてきても、それを補うためにさまざまなメカニズムが発動されるということじゃな。

老いによって失うものはある。しかしそれがすべてではない。

そう思うと、エイジングってなんて複雑なんだろう。そして…どこか深くて魅力的？

スコットのレクチャーは、明らかに私の「老いへの恐怖」を和らげてくれていた。心の奥深くで固く結ばれていた呪縛が、するするとほどけていくような感覚があった。

「いいものを見せよう」

そう言うとスコットは席をスッと立ち、ノソノソと自室の奥へ向かった。

戻ってきた彼は小さな木箱を抱えている。テーブルの上に箱を置くと、そっと蓋を開け、静かに中身を取り出した。

それは小さな陶器だった——。

「この陶器には、壊れた破片をつなげて復元する『金繕い』という手法が使われている。壊れたもの、欠落したものはそれっきりと考えがちだが、昔の人はそれを修復することで、場合によっては、オリジナルを超える価値を生み出してきた。わしのような老いぼれには、とても勇気づけられる芸術じゃな」

その器をよく見ると、たしかに破片をつなぎ合わせた箇所がある。しかし、それでいて、いや、その継ぎ目があるからこそ、どこか不思議な美しさを醸し出していた。

「君のおばあさんの作品じゃよ——」

その言葉を聞いて、私はハッとなる。

「えっ？　ナナがこれを……？」

「若いころ、彼女がわしにプレゼントしてくれたんじゃ。そのときは、この器にこんなに元気づけられる日が来るとは思わんかった。それくらい昔のことじゃ」

ナナもいま、いろいろなものを失いつつある。しかし、それだけではない。失いながらそれを補うことで、また何かを得ることだってあるのだ。

「よし、では今日の仕上げじゃ。ミワの『老いの恐怖』を克服するためのマインドフルネスを伝授しよう。英語だとLoving-kindness、パーリ語だと**メッタ**（Metta）と呼ばれる慈悲の瞑想を応用した方法じゃが……まずはいつものように呼吸瞑想をやってみようか」

私たちは椅子に座ったまま目を閉じた。ここ1週間、毎日のように瞑想を続けてきたことで、初めてやったときと比べると、それほど抵抗がなくなっている。

10分ほど経過したところで、スコットの声が聞こえた。

「よし、ここからがメッタじゃ。まずは自分のいまの気持ちを表現してみる。それを言葉にしてみよう」

「……たとえば……『歳をとるのが怖い』とか？」

「うん、いいぞ。では、その気持ちを変えるために、いまの自分が何を必要としているかを自分に問いかけてみよう。『私は何を必要としているの？』と」

「そうね……『恐れがなくなること』『老いを受け入れること』かしら……」

「では、自分にこんなふうに語りかけてみよう。声に出さなくてもいいから、わしが言ったフレーズを心のなかの小さな自分に向かって繰り返してみなさい」

スコットはゆっくりと間を持たせながら、いくつかのフレーズを唱えていった。


自分自身に対して、いつもやさしくいられますように。

「思い込みはつねに変えられる」ということを覚えていられますように。

うまく老いを受け入れられなくても、自分にやさしくいられますように。

自分の老いに気づいても、それを心地よく感じられる日が来ますように。

自らの過去の経験が叡智《えいち》へと変わっていきますように。

いつの日か、歳を重ねていくことを楽しめますように。

年齢を重ねることで、新たな何かが得られますように。


「さあ、ゆっくり目を開けよう」

スコットの声に合わせて、静かに瞼《まぶた》を持ち上げる。自分でも信じられないくらい、心のこわばりが取れている感覚があった。

「端的に言えば、メッタはやさしさを育むマインドフルネスじゃ。いまはそれを自分に向けてやったわけじゃがな。

ニューロフィードバックを用いた実験

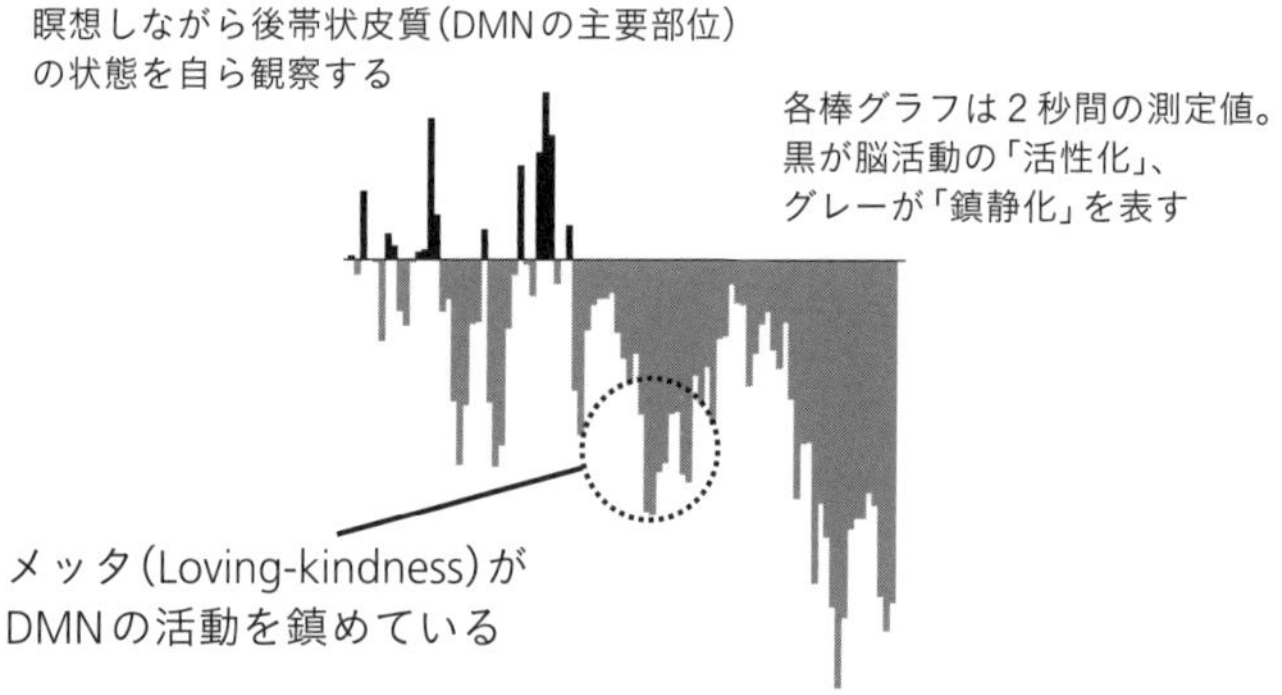
瞑想しながら後帯状皮質（DMNの主要部位）
の状態を自ら観察する
各棒グラフは２秒間の測定値。
黒が脳活動の「活性化」、
グレーが「鎮静化」を表す
メッタ（Loving-kindness）が
DMNの活動を鎮めている

出所：Judson Brewer (2017). *Craving Mind*. Yale University Pressより作成

現代人はみな自分に厳しい。自分を特定の考えや価値観に縛りつけて、がんじがらめになることに慣れてしまっている。メッタはその呪縛を解放する方法なんじゃよ。

最初は不思議に感じるかもしれんが、ニューロフィードバック（167ページ）を使ったブルワーたちの実験でも、この方法が後帯状皮質の活動を速やかに鎮めることが示されておる。[*115]

ミワも毎日のマインドフルネスのあとに、このメッタをやるといいぞ。もしできるなら、瞑想をしたあとに、自分の語りかけに対して、自分の感情や思いをやさしく書き留めるのも効果的じゃよ」

＊　　＊　　＊

「あ、そうか！」

スコットのレクチャーが終わり、再び「三途の川《スティクス》」を渡っていた私は、たった一人だったにもかかわらず、渡り廊下の真ん中で声を上げた。

「VRを使えばいいんだ！」

私のなかに突然アイデアが降ってきたのだ。「エルピスII」とは真逆の発明だ。老いた自分を見せることで、人々の恐怖を煽るのではなく、むしろ、老いに対する抵抗感を緩和し、それを受け入れていけるような映像をバーチャル空間で再現するのだ。

「私はこれをやるためにイェールにやってきたのだ」という手応えがあった。

瞑想はさまざまな認知機能を高めてくれるというが……まさかこれもマインドフルネスのおかげだろうか。

久々に訪れたブレークスルーの感覚に、私の全身の細胞は歓喜していた。

*

*

*

ふらふらとベッドから起き上がり、カーテンを開けると、窓の外は暗い。
午前3時40分。世界はまだ静か。
窓際に立って、ぼんやりとしている私のなかにふわりと疑問が浮かんだ。

「(私はここで何をしているんだっけ?)」

うす暗い部屋のなかを見回すと、見慣れない家具が私を取り囲んでいた。
そう、ここは私の部屋ではない。
その瞬間——グシャグシャの感情が押し寄せて来て、勝手に涙が溢れた。

本当に突然のことだった。

〝エターナル〟に火事があったのだ。


夜遅くまでイェールの研究室にこもっていた私は、シニアハウスへと帰る道すがら、違和感に気づいた。近隣の人たちが道路に出てきて、同じ方向を見ている。夜中にもかかわらず、〝エターナル〟がある小高い丘が明るくなっていた。

それが炎の明るさなのだと気づいたとき、後ろからやってきた消防車がものすごいスピードで私を追い抜いていった。


〝エターナル〟は大混乱だった。

「キャー!」

「逃げろ!!」

逃げ惑う人々の叫声――。


「ナナ!」

息を切らしながらシニア棟の建物に飛び込んだ私は、祖母の部屋に向かった。出火元からは離れているようだが、廊下には煙が充満しており、ほぼ視界がなくなりつつある。手探りで進んで部屋までたどり着き、ドアを開けたが、そこに祖母の姿はなかった。

「ミワ！」廊下の奥から誰かが走ってくるのが聞こえた。カルビンの声だ。

「こんなところにいちゃいけない。アキコなら無事だ。さあ、こっち！」

彼は私の手を力強く掴むと、エントランスに向かって駆け出した。

この火事で死者が出ることはなかった。どうやらジュニア棟が出火元らしい。棟の半分ほどに被害が広がっており、当分は住むことができそうにない。

何人かの若者が火傷や怪我をしたものの、老人たちはみな無事だったのが不幸中の幸いだった。救助された老人たちの片隅で小さく縮こまっている祖母を見つけたときは、心から安堵の声が漏れた。その傍らには落ち着き払ったスコットの姿もあった。

「ミワ、ちょっといいかな？」

混乱と救助活動で憔悴した様子のカルビンだった。

彼に連れられて、シニアハウスから少し離れた広場に着くと、そこには制服姿の警官が何人かいた。彼らのうちの一人は軽く自己紹介をすると、驚くべきことを言い放った。

「ミワ・ハヅキだね？　『出火当時に現場で君のおばあさんを見かけた』という証言が何人かから出ているんだ。ただ、カルビンに聞いたところだと、おばあさんには認知症の傾向があるらしいね。明日、おばあさんを連れて、一緒に署まで出頭してほしい」

「っ……。えっ、ナナが……？　そんな……そんなはず……」

私は言葉を失っていた。

あまりのことに、そこから先は記憶がはっきりしていない。

翌日に祖母を連れて警察に行ったこと。

祖母は怯えてしまって、「何も覚えていない」の一点張りだったこと。

〝エターナル〟で「アキコがやったのか!?」と何人かから詰め寄られたこと。

ジュニア棟の住人たちの大半が、退去を決めてしまったこと。

それを報告してくれたカルビンの悲しそうな表情――。

この3日ほど、私はイェールの研究室の同僚、レズリーのところに身を寄せていた。どういうわけか、朝早くに目が覚めてしまう。ほとんど何もしないままあっというまに1日が終わっていく。長く暗いトンネルのなかにいるようだった。

とはいえ、いつまでも彼女の世話になっているわけにはいかない。今後のことを考えるべき時にきていた。

私の考えが甘かったのだ。祖母のアルツハイマー病は想像以上に進行していた。

それなのに、スコットから「エイジング」知識を仕入れては気休めを得て、現実から目をそらし続けていた。全部、私のせいだった。


携帯が鳴った。やっぱり母だ。時差などお構いなしに、思いついたときに電話してくる。こちらはまだ朝の4時前だというのに。

「もしもし、ミワちゃん？　元気にしてる？　聞いたわよ、『あの人』の話。火事を起こしちゃったんだって？　さすがの私もびっくりだわー」

「（ちがう！　……まだナナが犯人だって決まったわけじゃない！）」

そう言おうとするが、声が出てこない。

「そういえば、あの『エルピスⅡ』って、ミワちゃんが開発したんだってね。うふふ、私ったら、こないだお店で試してみたら、その場で卒倒しそうになったんだから～。あんなひどい姿にならないためにも、もっともっとがんばるわ！」

「（ちがう！　……本当に大事なのは、老いを『受け入れる』ことなのに……）」

やはり言葉が出ない。

さすがの母も、私が何も返事をしないのに気づいたようだ。少しだけ間があったあと、彼女は静かに言った。

「ミワちゃん、あなたが『おばあちゃん思いのいい子』なのはよくわかったわ。でもね……もう限界なんじゃない？　日本に帰っていらっしゃいよ。あなたが、あの人の『老い』まで背負い込むことはないの。あなたはあなた自身の『若さ』を大事にしなきゃ！」

やはり、老いはどこまでも悪なのだろうか。

母は正しかったのだろうか。

「人間、歳をとったら終わりよ」――。

Lecture 7

脳を「停滞」させない最高のメソッド群

8つのライフ・マインドフルネス

見慣れた丘を上っていく。〝エターナル〟はすぐそこだ。

坂の途中にシルエットが見える。

子どものように小柄な体格、屈んだ腰、手に持った杖――。

スコットだ。


じつのところ、彼に会うのは例の火事があって以来だった。

3日前のことだというのに、もう何年もこの老人に会っていなかったような気がする。

お互いの表情が見えるくらいにまで近づいたとき、スコットが口を開いた。

「ミワ、よく戻ってきたね」

その瞬間、こらえていた涙がどっと溢れ出した。


私は確信していた。いまの私には、彼が〝安全基地〟なのだ。

思わず駆け寄り、彼を抱きしめた。

「おおっ!!　……こ、これは……どうしたものかな……」

困惑するスコットに構わず、私はそのまま子どものように大声をあげて泣いた。

脳の平静を取り戻し、乱れた心を落ち着ける——エクアニミティ

私たち2人は〝エターナル〟に到着すると、ジュニア棟のほうに向かった。まだ周囲には立ち入り禁止のロープが張り巡らされており、建物の天井には黒い煤が生々しく残っている。やはりあの火事は現実だったのだ。

「ミワ、どうじゃ、マインドフルネスを一緒にやらんか」

私の動揺を感じ取ったのか、スコットがやさしく言い、中庭にあるベンチを指差した。どうやらそこに座ろうということらしい。

「これからやるのは……」腰掛けるやいなや、彼が説明をはじめる。

「**エクアニミティ**（Equanimity：平静）と**カンフォート・アンド・イーズ**（Comfort and ease：安らぎ）と呼ばれるマインドフルネスじゃ。メッタ（Loving-kindness）が恐怖心や自責の念に対して効果的だとすると、こちらは不快感や動揺のあるときにオススメなやり方じゃ。まずはいつもどおり10分間、呼吸に注意を向けてみるぞ」

私は軽く目を閉じて、呼吸に注意する。空気が鼻を通る感覚やそれに伴い、お腹が上下するのがわかる。息が出たり入ったりするのに伴って、自分のなかにあった「ざわめき」

が少しずつ身体の外に吐き出されていくような感じがあった。

私は3日間も何もせずレズリーの家にいた。それなのに、じつのところ、私の脳と身体はまったく休まっていなかったのだと気づかされる。

私たちはつらいときほど、「休み方」を忘れてしまうのだ。

「よし、では、いま君の心を乱していることに、ゆっくりと注意を向けてみよう。何がミワの落ち着きを奪っている？」

言うまでもない。それは間違いなく火事のことだ。何よりも、その「犯人」として疑われているのが、大好きな祖母だという事実。さらなる根本的な原因は、祖母の「老い」だということ――。

「『不安』をちゃんと呼び出したかな？　ではそのうえで、前回のように、わしが言うフレーズを心のなかで繰り返してみよう」

どんなこともありのままに受け入れられますように。
この動揺した気持ちが徐々に和らいでいきますように。
老いに対する抵抗感が和らぎますように。

認知は変えられるといつも心に留めていられますように。
ナナにも私にも安らぎと心地よさが訪れますように。

しばらくしてスッと目を開ける。過去や未来に縛りつけられていた私の心が、「いまここ」に帰ってきたのを感じる。脳科学的に言えば、活動が過剰になっていた私のDMNが鎮まった、というところだろうか。

スコットは静かに言った。

「ミワ、安心しなさい。〝エターナル〟のみんなへの説得はわしに任せるんじゃ」

この老人がここまで頼もしく思えたことが、これまであっただろうか。

たしかにスコットは、老人たちみんなから慕われている。彼ならば、この窮地もなんとかしてくれるかもしれないと思えた。

イェールのマインドフルネス研究者たち

「ミワちゃん、いいの。私が出ていけば済むことなんだから」

老人たちが集まるデイルームで、意外な発言をしたのは祖母だった。

出火元で祖母を目撃したと語っている数人を除けば、ほとんどの老人たちは、決して祖母のことを責めたりはしていない。彼女自身にも何も心当たりがないはずだ。

しかし同時に、祖母は「自分は何もやっていない」という確信も持てないでいた。それほどまでに自分が老いてしまったという事実が、彼女を深く傷つけていたのだった。

「アキコ……誰もこんなことは望んでおらん。じゃから……その、これまでどおり、ここにいてくれんか？」

どういうわけかスコットはしどろもどろだ。

そこに割って入ったのが、「アキコ犯人説」を最も強硬に唱えている70代の女性だった。

「なんであんたにそんなことが言えるのよ？　アキコは自分の意思で出ていくの。誰にもとめる権利はないわ。それに、またいつ同じことをやるか、わかったものじゃないでしょ？」

さっさと祖母に退去してほしいというのが、彼女の本音なのだろう。

「それは……」

スコットは何も反論ができない。スコットったら……さっきまで「安心しなさい」とか言っていたくせに、全然頼りにならない！　別の女性が追い打ちをかけるように口を開く。

「要するに、『この人』がここにいる限り、みんな安心して暮らせないのよ。現に、異世代交流シニアハウスのはずが、若い人たちはほとんど退去しちゃったじゃないの？　だから、アキコがここを出ていくと決めたのは立派だと思うわ。スコット、あなたはアキコが下した賢明な決断を尊重しないつもり？」

ものすごい剣幕だ。たしかに、もっともらしく聞こえなくもない。

スコットはもともと小柄な身体をいっそう小さくして黙ってしまった。

「みなさん、ちょっと失礼します！」

一同がデイルームの入口を振り返ると、そこには見慣れない2人の女性が立っていた。見たところ、どちらもたぶん日本人だ。しかし、それよりもとくに目を引いたのは、一方の女性の容姿だった。

「（す、すごい美人……）」

「……お、おう。よく来てくれたな」

スコットがその女性に向かって片手を上げた。彼女はスコットのほうを一瞥してうなずくと、私と祖母のほうにつかつかと近寄り、右手を差し出してきた。

「あなたが葉月美羽さんね？」流暢な日本語だった。

「私、イェール大学の小川夏帆《なつほ》っていいます。そして、こちらは朋美。いまはニューヘイブンの超人気ベーグル店の経営者よ。はじめまして！」

「は、はじめまして……」

私は2人と握手を交わしながらも、勢いに押され気味になっていた。ざわついていた老人たちも、彼女の凛とした（それでいてどこか穏やかな）オーラに固唾《かたず》を呑んでいる。

夏帆は英語に切り替えて、祖母に向かって話しはじめた。

「そして、ミワのおばあさん……というか、あの世界的アーティストのアキコ・ハヅキさんですね。以前から作品は存じ上げています。はじめまして」

祖母も笑顔でこの女性と握手を交わしている。夏帆の言葉を聞いた一同がざわついた。どうやら、祖母の「正体」については、誰も知らなかったようだ。あの有名な芸術家がこんな身近なところに暮らしていたとは思いもしなかったのだろう。

夏帆は老人たちのざわつきに負けないよう、声のボリュームを上げて続けた。

「私はこの〝ヨーダ〟の教え子なんです。あ……ここでは〝スコット〟って名乗っているみたいね。ご存知かもしれないけれど、彼はイェール大学の元教授で、本名はラルフ・グローブというの。まあ、私はいつもヨーダって呼んでいるけどね」

一瞬の空白ののち、デイルームは爆笑に包まれた。

そう、たしかにスコットの容姿は、映画『スターウォーズ』に出てくるマスター・ヨーダというキャラクターにそっくりだった。どうしていままで気づかなかったのだろうと思いたくなるほど、あまりにも「的確すぎる」ニックネームだ。

「私が初めて会ったころは、ヨレヨレの白衣を着ていて、髪の毛ももっとグシャグシャだったわ。本当に『あのヨーダ』そのものだったのよ。でも、ここで第二の人生を送ると決めてからは、ちょっとは小ぎれいになったみたいね」

「……いやはや、ナツには敵わんのぅ……」

スコット改め〝ヨーダ〟は、みんなの前でぽりぽりと頭を掻いている。照れくさいようだが、どこかうれしそうだ。

人生に不可欠な「2つのH」を実現する——ライフ・マインドフルネス

「じつは、こうして〝エターナル〟にお邪魔したのは、ヨーダに呼ばれたからなんです。火事のことは彼から聞きました。大変でしたね。きっとみなさん、まだ心のどこかに動揺を抱えていらっしゃると思います。

私はいまイェール大学のマインドフルネスセンターのディレクターとして、『脳と心を休める技術群』の研究をしながら、精神科医の仕事もしています。こんなときだからこそ、みなさんのケアをお手伝いしたいと思って今日はやってきました。

決して難しい話はしません。こちらにおいしいベーグルも用意していますので、もしよろしければ、ぜひ一緒に楽しんでいってください」

その瞬間、朋美が用意していたベーグルと緑茶を老人たちに配りはじめた。彼女も生き生きとした人だ。ベーグルの入った袋には、〝MOMENT〟と印字されている。どうやらお店の名前らしい。

そのあとのナツのレクチャーは「すばらしい」のひとことだった。

これまで私がヨーダから聞いてきたエイジング科学のエッセンスを、ごくごくわかりやすい言葉にして嚙み砕き、「脳の老化を防ぐことは不可能ではない」ということを一同に理解させた。

「そういうわけで――」ナツはミニ講義を締めくくるかのように言った。

「みなさんの脳は大変な〝高級品〟なのです。脳に可塑性があるということは、脳をあるかたちで刺激すれば、そこに新たな素地ができ上がるということで。それだけでもすばらしいですが、ACTIVEスタディの『5週間の脳トレの効果が5年間続いた』という結果（124ページ）がそうであったように、カギになるのは『継続』です。脳への継続的な刺激には長期的な効果が見込めるわけです」

老人たちはナツの話に耳を傾け、しきりにうなずいている。配られたベーグルは、歯ごたえはあるものの、簡単に嚙み切れる柔らかさになっており、彼らの口にも合ったようだ。

話がマインドフルネスに及ぶと、老人たちはより強い関心を示した。

「そのマインドフルネスとやらのやり方を、わしらにも教えてくれんか⁉　わしだって、いつ認知症になって、人様に迷惑をかけるとも限らん。何かできることがあるなら、やっておきたいんじゃ」

聴衆の一人からはそんな声も上がった。

「ええ、もちろん！」

ナツはにこりとして答えた。じつに魅力的な笑顔だ。老人たち（とくに男性陣）が真剣にナツの話に耳を傾けている理由は、テーマが興味深いからというだけではなさそうだ。

「マインドフルネスは、誰もが向き合うことになる『エイジング』という現象を、いまよりもっとすばらしいものに変えてくれる。これは、心身の健康（Health）を維持すると同時に、幸福（Happiness）になる方法を教えてくれるからよ。マインドフルネスはHealthとHappinessという『人生に欠かせない2つのH』を満たしてくれる、最高のアンチエイジング・メソッドと言っていいかもしれないわ。

これからお伝えするのは、日常のあらゆるシーンで実践できるよう、私とヨーダで独自にアレンジした瞑想プログラムよ。名付けて『**ライフ・マインドフルネス**』――。全部で8つあるんだけど、今日は一つめだけやってみましょう」

それを言い終えたナツは、私がヨーダから習った「マインドフルネス呼吸法」「メッタ（Loving-kindness）」「エクアニミティ（Equanimity）」といった方法を解説していった。

以下、後日のものも含め、ナツの講義内容をまとめておくことにする。

【総論】マインドフルネスが変えるもの

・マインドフルネスは「①ストレス・脳・遺伝子」を変える

・マインドフルネスは「②習慣」を変える（アルツハイマー病のリスクファクターはほぼすべて生活習慣→128ページ）

・習慣を変えるためには、「気づく→変える→続ける」という3ステップを意識

・気づく：「自動運転」状態を解除して、何気ない習慣に気づく

・変える：古い習慣の原因（渇望感・固定観念・ストレスなど）を考え、新たな習慣をつくる

・続ける：モチベーションを維持する（科学的根拠の存在も支えになる！）。自分にやさしく、かつ、一貫して楽しむ

【メソッド❶】毎日できること――呼吸がすべての基本

・毎朝10分のマインドフルネス呼吸法を行う（継続が大切。続けていると、DMNの過剰活動が鎮まる。[*116]瞑想は長寿遺伝子を若返らせる[*117]）

・そのあとに5分ほどのメッタやエクアニミティを加える

・いま抱える不安（例：老いへの恐れ）を受け入れ、内面の成熟に目を向ける（寿命が7・5年延びたという報告あり）

・ACT（190ページ）を取り入れて、次の❷〜❽の方法を行動に移せるよう、自分を方向づける

【メソッド❷】運動中にできること――「鳥の目」を持つ

・週3回・40分間・中強度の有酸素運動（最大心拍数の60％程度）を目安にする（認知症リスクが40％低下、1年で脳が1〜2歳若くなったというデータあり）

・**【マインドフル・インターバル】**ランニング／ウォーキングの途中で速度を落とし（あるいは立ちどまり）、血液が手足の末端へ移動する感じや、呼吸が鎮まっていくときの変化にも注意する

・運動に伴うつらさを「鳥の目」で自分の外から眺める（幽体離脱のように）

・マインドフルネスを含め、太極拳・ヨガ・気功など、スローなエクササイズを取り入れる（テロメア伸長効果あり）

・仕事中など、座り続けている時間の長さや姿勢に気づき、身体を動かす／歩く（活動の低い生活はアルツハイマー病のリスクを2・5倍高める）*118

・通勤時やオフィス内での移動、買い物などで歩くとき、それに伴う身体の感覚（両脚の絶妙なコーディネーション、両足が地面を蹴る感じ、筋肉・関節の動き、体重移動の感覚など）に注意を払う

・現在を意識する。エクササイズの目標があっても、「残りがあとどれくらいか」などと先取りしない

・自分を追い込むのではなく、自らをケアする

・周囲や過去の自分のパフォーマンスと比較しない。その日の体調に応じて行う（運動は「ゾーンに入る」ことを促進し、後帯状皮質を整える）

【メソッド❸】食事中にできること――食事瞑想

・マインド・ダイエット（136ページ）を取り入れる。とくに果物・ナッツ類・全粒穀物の不足と塩分の多さに注意（アルツハイマー病リスクが半分になるデータあり）

・**【食事瞑想】**食べる前に「なぜ食べたいか？」を意識する。味の強い加工食品、甘いもの、白い炭水化物への渇望感があるときは要注意。食べ物の見た目、匂い、温度などにじっくり注意を向ける。初めてものを食べる子どものように、食感や味の変化などをゆっくり味わう[*119]

【メソッド❹】習慣のためにできること——RAIN

・喫煙・過度な飲酒・過食といった悪癖がやめられないのは、内面の満たされなさが**クレーヴィング**（Craving：渇望感）を呼び、脳が依存状態になっている[120]

・「吸いたい」「飲みたい」「食べたい」というクレーヴィングを感じたら、その欲求を満たしたときに起こる身体の感覚をしっかり意識する（マインドフルネスは感情的な過食や肥満を減らす）[121]。食べ過ぎてしまいがちな人は、「食事日記」をつけるのも効果的

・【RAIN《レイン》】クレーヴィングをコントロールするための4ステップ

①**認識する**（Recognize）：注意を向けて、クレーヴィング（例「タバコを吸いたい！」）に気づく。そして、渇望を感じながらも、深呼吸などをしてリラックス

②**受け入れる**（Accept）：クレーヴィングを受け入れる。抑え込んだり、無視したりしようとせず、自分のなかにある当たり前の経験として受け入れる。サーファーが波を抑えつけようとせず、それを受け入れて、その波に乗るのと同じように

③**検証する**（Investigate）：クレーヴィングが強まってくるにつれ、「いま、自分の身体がどんなふうに感じているか？」を客観的に調べる

④**明記する**（Note）：クレーヴィングをあたかも「他人事」のように自分から切り離す。そのためにはその感覚を短いフレーズ・単語として書き出すのが効果的。「胃のなかが落ち着かない感じ」「胸の奥がザワザワと燃えるような感覚」など。そして、その感覚の推移（強さ、性質、広がりなど）を追いかけていく。もし注意が横へ逸れたら、再び③に戻り、クレーヴィングがなくなるまでその波に乗っていく

【メソッド❺】知力のためにできること――ブレイン・フィットネス

・**【マインドフルネス注意法】**椅子に座って目を瞑り、マインドフルネス呼吸法を行う。ある程度やったところで、意識の対象を「身体の感覚」→「音」→「呼吸」→「周囲の空間」（特定の対象ではなく対象全体＝チョイスレス）と自由に変えていく（これによって高次認知機能を司る背外側前頭前野の活動が上昇[*122]）。こうして集中力・注意力をリフレッシュし、関連脳機能を惹起してからブレイン・フィットネスをすると、効果が高まりやすい

・1日30〜60分のブレイン・フィットネスで、週2時間ぐらいを目指す。オススメは**ブレインHQ**（brainhq.com）や**ルモシティ**（Lumosity.com）。前者はACTIVE

スタディ（124ページ）でも使われたトレーニングなども含む（7～14年分の記憶改善効果。5週間やれば効果は年単位で続く）*123

・**【Nバック課題】**前頭葉によるワーキングメモリ機能（20代から低下しはじめる可能性あり）をテストするために用いられるトレーニングタスク。ノートの各ページの角にランダムな数字を書いていく。ページをめくりながら、「一つ前のページに書いてあった数字」を思い出す。慣れてきたら、「2ページ前」「3ページ前」でも思い出せるかトライし、段々と難易度を上げていく。スマホアプリもリリースされている（「Nバック」で検索）

【メソッド❻】美容のためにできること――情熱主導

・お風呂、シャワー、歯磨き、化粧、ヘアセット、着替えなどの身づくろいの際、心がさまよっていないかに注意し、身体の動きやそれに伴う感覚の変化に意識を向ける。マインドフルネスはストレスホルモンを抑制してくれるので美肌効果も期待できる

・身体をケアする際は、老化などに対する「恐れ主導（フィア・ドリブン）」になって

いないかを気をつける。加齢による変化をもみ消そう、隠そうとするのではなく、年齢に見合った自分の変化を受け入れ、その範囲内で自分を美しく保とうとする「情熱」を原動力にする（パッション・ドリブン）

・老いへの恐怖に気づいたら、ジャッジメンタルな（「こうあるべき」と判断してしまいがちな）性格や自分の固定観念に気づき、ACT（190ページ）を使ってポジティブな行動へと変換する

【メソッド❼】みんなでできること——グループ瞑想

・マインドフルネスをグループで行う機会をつくる。SNSなどを活用し、リアルで集まるなどを企画してもいい。台湾では「老年的超越」達成に取り組むグループがあるという（良好な人間関係やつながりは、幸福度を高めるいちばんのファクター）

【メソッド❽】1日のなかでできること——日常への驚き

・朝起きたら、「今日も目が覚めた」という「不思議」に思いを馳せる

・伸びをしながら身体にシーツが触れる感覚に注意を向ける
・その日1日に起きる楽しみなことを3つ思い起こす
・1日のなかで「短い小休止」を入れるよう意識する。スマホを使いたい衝動に気づくようにする。スマホをオフにする時間帯をつくり、脳の酷使と心のさまよいを減らす
・人と話しているとき（家族との会話、仕事の打ち合わせなど）、部屋の片隅から全体を俯瞰する視点をイメージしてみる
・ボランティアなど無償のことをやる
・夜寝る前に、その日起きたこと3つを感謝する

＊　＊　＊

ナツはその後、3日おきくらいに〝エターナル〟を訪ねては、「ライフ・マインドフルネス」を老人たちにレクチャーし続けた。

最初は面白半分だった老人たちも、どういうわけか飽きもしないで彼女の話に耳を傾け続けている。どうやら火事という生命に関わる経験が、彼らを「再生」へと意識づけたよ

うだった。

祖母の退去の件は、疑念が完全に晴らされたわけではなかったが、私とスコットからの必死の説得、そして、同居人たちからの引きとめもあって、なんとか思いとどまらせることができた。「やさしさ」をも育むと言われるマインドフルネスの効果もあったのかもしれない。


「カルビン、よかったわね。ジュニア棟の人たちはほとんどいなくなってしまったけど、おじいさん・おばあさんたちはナツのレクチャーのおかげで、前より生き生きしているくらいだわ。みんな、うまく老いを受け入れながら、満足感を得ているみたい」

「うん……そうだね」

どういうわけか、彼は浮かない顔をしていた。いつもニコニコしていて、誰に対しても気遣いを忘れない彼にしては、とても珍しいことだった。

「ん？　カルビン、どうかしたの？」

私の質問にカルビンは慌てて答える。

「いやいや……大丈夫だよ。な、何も問題はない」

やさしい性格の彼のことだ。私たちに迷惑をかけまいと、何か隠しているに違いなかった。

「カルビン、隠さないで話して。これまでだって、あなたは私を助けてくれた。ここに滞在することをすすめてくれたのもあなただったじゃない？　私はそのことを、とっても感謝しているわ。困ったことがあるなら、私に話して。力になれるかどうかは、わからないけど……」

「う、うん……ありがとう。じつはね……」

カルビンは根負けした様子で話しはじめた。


〝エターナル〟は若者と老人が一緒に暮らす「異世代交流シニアハウス」としてスタートした。しかし、今回の火事でジュニア棟が焼けてしまい、若者たちがいなくなってしまった。ジュニア棟を建て直せばいいのだが、修繕コストの大きさと〝エターナル〟の財務状況を考えると、それは難しそうだという。そうなると、この場所は当初のコンセプトを失い、ただの小さなシニアハウスになってしまう。これでは、今後の運営もかなり厳しくなるかもしれない。

カルビンの話をまとめると、こんなところだった。

「なるほどね。せっかくこんな素敵な場所なんだし、なんとかなるといいわね」

私が答えると、カルビンは横に首を振った。

「いや……じつはそんな悠長なことも言っていられないんだ。ここのオーナーからは、6カ月以内に再建のメドが立たないようなら、閉鎖を検討すると言われている」

「へ、閉鎖!? そんな……」

カルビンはうなずくと、深くため息をついた。いつものように淡々とした口調で語っていたものの、かなり悩んでいるようだ。

「それなら、いいアイデアがあるわ!」

私はカルビンの肩を叩いた。項垂《うなだ》れていた彼がこちらを見上げる。

「ひとことで言えば、ここを〝老いから自由になれる場所〟にするのよ!」

そう、私にはここ数週間にわたって温めていた秘策があった――。

Lecture 8

「脳の老い」を乗り越える

怯える扁桃体とメメント・モリ

「すごいよ……ミワ、思っていた以上の応募者数だ！」
カルビンはMacBookの画面を見ながら、興奮気味に語った。

〝エターナル〟の一部を、マインドフルネス・プログラムの研修所として開放する――

これが「シニアハウス再建」に向けた私のアイデアだった。
この3日間の研修は、イェール大学のマインドフルネスセンターと提携しており、いくつかのセッションにはヨーダやナツも同席する。
とはいえ、ここで講師を務めるのは、シニアハウスの老人たちだ。彼らは各種の瞑想セッションのほか、人生相談にも応じる。人生経験や結晶性記憶が豊富なシニア世代だからこそ提供できるサービスだった。これは、老人たちのリハビリを兼ねた異世代交流だということで、カウンセリングなどのライセンスはなくても問題ないらしい。

プログラム参加者たちは、火事で損傷していないジュニア棟の部屋を、宿泊施設として利用できる。「3日間のマインドフルネスで徹底的に脳を休める」というコンセプトを実現するため、部屋には最低限の家具があるだけで、テレビやインターネットは使えない環境になっている。

これには、小高い丘の上にあり、適度に外部から遮断された〝エターナル〟の立地が奏功した。プログラム参加者は、日々の喧騒から切り離され、森林に囲まれたこの建物で瞑想をしたり、散歩をしたりしながら3日間をゆったりと過ごす。

そして極めつけが、レズリーの手も借りて、私がイェールで開発を進めてきた「エルピスⅢ」だった。

未来の自分の姿をVR空間上に描き出す点でこれまでと同じだが、老いに対する恐怖を煽るのではなく、むしろ、老いの不安を緩和し、美しく歳を重ねていく情熱を駆り立てられるよう、改良を施したのだ。

ようやく、「エルピス（ギリシャ語で「希望」の意）」の名にふさわしい機能を、このデバイスは実装したことになる。

参加者たちは、「エルピスⅢ」を通じて未来の自分の姿を受け入れながら、同時に、老人たちとともにマインドフルネスを行う。そうすることで、人々を「老いへの恐怖」から解放していくことが、このプログラムの真の狙いだった。

半信半疑でスタートした企画だったが、このアイデアは大当たりだった。

オンラインで募集をかけたところ、決して安価とは言えないこのプログラムに応募が殺到したのだ。

「ミワ、本当にありがとう！　君のおかげだ。大急ぎで半年先までの追加日程も設定したんだけど、それすらもあっというまに定員が埋まってしまったからね。これならきっとオーナーも閉鎖を考え直してくれるよ！」

カルビンは本当にうれしそうだった。彼は誰よりもこの〝エターナル〟を愛しているのだ。彼の笑顔を見ていると、私も自分のことのようにうれしくなり、胸に熱いものを感じた。

死後の世界はただの「おとぎ話」か――ホーキング博士の言葉

ベッドのうえでは、祖母がかすかな寝息を立てている。

「よく眠っているようじゃな」

反対側に立っているヨーダが、静かな声で言った。

1週間ほど前、イェールのラボでコンピューターに向かっていると、カルビンから電話があった。聞けば、祖母が食べ物を誤って飲み込み、ちょっとした騒ぎになったのだという。

「ミワには早めに連絡しておいたほうがいいと思ってね……でももう大丈夫だ」

ホッと胸を撫で下ろしたのもつかの間、その数日後に祖母は高熱で倒れてしまった。診断は誤嚥《ごえん》性肺炎——食べ物を飲み込んだ際に細菌が気道に入り、肺炎を発症したのだ。医師によれば、予断を許さぬ状況であり、もしもの事態も覚悟しておく必要があるという。

とはいえ、祖母の表情はどこか安らかだ。

ライフ・マインドフルネスをはじめてからというもの、祖母の記憶は改善傾向にあった。私が買ってきた色鉛筆を使って、マインドフルネス研修にやってきた若者たちの似顔絵を描いては渡し、ずいぶんと喜ばれている様子だったし、あからさまなもの忘れは減って、いきなり昔の思い出話をはじめることもしばしばあった。

そう、すべてがうまく回りはじめた矢先の出来事だったのだ。

「ヨーダ、私はまだナナと別れたくない。もっと、もっと長生きしてほしい。でもこれって、私の身勝手なのかな？」

「ふむ……わしは、アキコもミワとの時間をもっと過ごしたいんじゃないかと思うよ。しかしな、人生はいくら長くても、みんなが『これで十分！』と言えるようにはならんもんじゃ。だから死は、とくに愛する人の死は、いつだってつらく悲しい」

そう語るヨーダの目には、うっすらと涙が浮かんでいた。この奇妙な風貌の老人が、涙を見せるなんて……。きっと彼にも、愛する人を失った過去があるのだろうか。


「人は死ぬとどうなるの？　科学は何か答えを出していないの？」

私の質問にヨーダは横に首を振った。

「そればっかりは科学でもわからんよ。死は最たる不確実性じゃ。自分が死んだらどうなるかは、他者の死を通じてイメージするしかない。

２０１８年３月に亡くなった理論物理学者のスティーブン・ホーキング博士は、『天国も死後の世界もない。そんなものは暗闇を恐れる人のためのおとぎ話だ』と語っていた。[*124] 続きがあるなんて保証はない。しかし、続きがないという確証もない。世界中の宗教は『その先がある』と口を揃えて語る。そこをどう考えるかは人それぞれじゃ」

何%の人類が、本気で「不老不死」を望むのだろう?

「ナナは、死ぬのが怖いのかな?」

私がポツリと呟いた。

「どうじゃろうな……死への恐怖は、すべての不安・恐怖の親玉であり、人間にとって究極のテーマじゃ。老いへの恐怖すらも、その根本にあるのは、死への恐怖だと言っていい。

老いへの恐怖がかえって老化の原因となり、寿命にも響きかねないというのは覚えておるかね。死への恐怖もそれと同じであることは想像に難くない。恐れることで、人間は多大なエネルギーを消費し、消耗していく。ちょっとでもそのエネルギーを生きることに向けたら、意外と簡単に人生は変わるのかもしれんのにな」

「ヨーダ、死への恐怖を人間から取り除くことはできないの?」

「取り除けるかどうかは別として、ある種の仕方で克服することはできる。客観的な『生命活動の停止』として死を捉えるならば、いまでも1秒に約2人のペースで人間は死に続けておる。*125 まして生物全体で考えればどうなるか? まさにこの瞬間にも、とてつもない数の死が、どんどん積み上がっているのが想像できるじゃろう？　死は『日常そのもの』なんじゃよ」

なるほど……。しかし、「生命活動の停止」がありふれたものであるからといって、それが恐ろしく感じられなくなるわけではない気もする。

「死はありふれているが、やはりそれ自体が『価値』を持っているとわしは思う。『終わり』には大きな力があるからじゃ」

私のモヤモヤを感じ取ったかのように、ヨーダが続けた。

「たとえば、わしは長年にわたって精神科医の仕事もしてきた。そうすると、なかには『週3回のカウンセリングを5年にわたって続ける』というような、途方もない治療が必要になることもある。しかも、毎回、目に見える効果があるわけではないし、患者さんが重要なことを話してくれるとも限らん。これがなかなか大変なんじゃよ。

ところが、最後の最後のセッションで、それまで語られなかった『核心』が患者の口からポロリとこぼれ出てきたりするんじゃ。あたかもそれまでの沈黙が『サナギ』のような準備期間だったみたいに、急に大きなブレークスルーがやってくる。終わりというものにはそんな力がある」

「人生が輝くためには、やはり終わりが必要ということ？」

私の問いにヨーダは深くうなずく。

「バクテリアやがん細胞には、細胞分裂の限界、すなわちヘイフリック限界がなく、それ自体としては、ある種の不老不死を実現しているという話を覚えておるかな？　進化した生物の細胞とは違って、それらには細胞死を引き起こすメカニズムが欠けていいる。

言ってみれば、ブレーキのない車じゃな。しかし、車が本来の価値（＝走る）を発揮するには、やはりブレーキが欠かせんのじゃなかろうか？」

この世界から「死」が消えたら、どうなってしまうのだろう？

高速道路や街中を走る車たちのブレーキが、一斉に故障したら？

そう考えると、ちょっと怖い。


「そういう意味で、わしはやはり手放しで不老不死を望むことはできん。不老不死の科学は急速に発展しているが、本当に心から『永遠に生きていたい』と思う人は、ごくひと握りなんじゃなかろうか？　そして、永遠の命を望むくらい豊かで幸せな人たちだけが生き延び、それ以外の人が淘汰《とうた》されていく世界は、果たして正しいんじゃろうか……」

死から目をそらし、過去や未来に「圧迫」され続ける生き方

「ヨーダ」私は言った。

「私、正直なところ、『死ぬのが怖いか』と聞かれても、よくわからないの。エイジングを憎悪するママを見て育ったから、『老いが怖い』ってのはなんとなくわかる。でも、死そのものを苦しんでいる人は見たことがないでしょう？　だから、死が怖いのかどうか、私は断言できない気がするの」

ヨーダはウンウンとうなずいて、人差し指を立てた。いつものように目が爛々と輝きはじめている。

「ミワ、核心に近づいてきたな！　そう、死が生み出すのは、対象のない恐れ、すなわち不安なんじゃよ。ヘビが怖い、オバケが怖い、痛みが怖いというような、『これ』という明確な対象を死は持っておらん。その点こそが、死への恐怖の克服を難しくしているというわけじゃ。

死が（なんとなく）恐ろしいのは、死から目を背けているからじゃ。昨日あったことを悔やんだり、来週あることを心配したりするのに心を奪われてしまっている。死を遠い未来のどこかに追いやったまま、わしらは記憶や記録、将来のスケジュールに『圧迫』され

て生きている。これこそが、現代人が抱いている『得体の知れない死への恐れ』の正体なんじゃなかろうかな」

「つまり、過去や未来にとらわれた日常から抜け出して、もっと死を見つめることができれば、死への恐れは克服できるんじゃないか、ってこと？」

「そう、まさに『**メメント・モリ**（死を想え）』というわけじゃ！　死を見つめるといっても、それはいつかやってくる意識の消滅に対して、得体の知れない恐れを抱くことではないぞ。

昨日を後悔したり、明日を憂いたりするのではなく、いまここに意識を向けること、

『いまこの瞬間に自分が生きている』という事実に新鮮な目を向けること、

ほかでもないこの自分がないのではなく、あるという不思議を何度も発見すること、

それこそが死を見つめることにほかならん」

死は直線的な時間の先にある漠然とした点などではない。

「いまここ」の裏側に絶えず可能性としてあるもの――。

「飢えと孤独」があれば、人は「パニック」には陥らない？

「そ、それって……」

私の言葉に先回りしてヨーダが続ける。

「そう、マインドフルネスの考え方そのものだと言っていい。過去と未来から迫りくる時間に圧迫されている限り、本当に生きているとは言えん。ある禅僧は『生と死はコインの両面』と語っているが、これもまた同じことではないかと思うぞ。*126

また、日本のある比較社会学者も、現代人が死を恐れる理由は『時間感覚』にあると語っている。そして彼もまた、歴史の詳細な分析をもとに**現時充足**、つまり、いまを満たすことこそが、死の恐怖解決法だと結論づけている*127

「いまここ」に目を向けるマインドフルネスは、死を忘れさせるどころか、ある意味では、死に向き合わせる。そして、そうすることで死を受け入れさせ、「不安」を克服する助けになってくれる——。

「たとえば、**パニック発作**という症状がある。これは『死への恐怖』を司る**扁桃体**という脳の原始的な部位に、脳全体が〝ハイジャック〟されてしまっている状況に近い。これに関して、『パニック発作による強い不安感を乗り越えるには、飢餓と孤独を与えればいい』と言っている人すらいるんじゃ。*128

〝物質〟と〝つながり〟に溢れた現代では、あえて死につながる〝飢餓〟と〝孤独〟を用意したほうが、心が『いまここ』に向かい、不安が去っていくというわけじゃな。もちろん、治療行為として認めるわけにはいかんが、考え方としては一面の真理があるんじゃないかと思うぞ」

「いまここ」に意識を向け、死を見つめることが、死への恐怖を克服する最善の方法になる。死を受け入れたとき、生は輝くようになる。逆説的だが、過去や未来にばかりとらわれ、つねに心に漠然とした不安を抱えている私にとっては、どこかしっくりくる考え方だ。

「わしは死ぬのが怖くない。いつか訪れる死が楽しみでもある。しかし同時に、毎日が満ち足りてもいるんじゃ」

3つの観点で「自分の弔辞」を書いてみる

「いつのまにか、哲学めいた話になってきたわね……」

ヨーダはいつものフォフォフォフォという奇妙な笑い声を立てた。

「専門的なことはわからんが、これまで一流の知性たちがロジックだけを手に組み立ててきた世界が、脳科学的な知見や認知療法の考え方ともつながりつつあるのは、本当に興味深いな。

とはいえ、わしはあくまでもサイエンティストであり医師じゃ。もう少し具体的なことも話しておこうかのぅ。

たとえば、『自分は病気なんじゃないか』『健康が損なわれたのではないか』とつねに恐れてしまう人たちがいる。われわれは**心気症**（Hypochondriasis）という診断を下したりするがね。この病の根底にも、やはり死への恐怖があるのではないかと言われておるんじゃ。

ある研究報告によれば、心気症患者たちのグループ療法で、あえて死にまつわることを想像させ、その考え方を変えるよう働きかけたところ、心気症が改善したのだという。[*129] つまり、認知療法でも、恐怖を解決する唯一の方法は『向き合うこと』なんじゃ」

なるほど、この点については臨床レベルでも効果が確認されているわけか。

「ヨーダ、それにしても『死に向き合う』って、マインドフルネスを通じて『いまここ』に目を向けるだけなの？　ほかに何か具体的な方法はないのかしら？」

「ふむ……たとえば、どんな最期の迎え方をしたいかを書き出すだけでもいいぞ。ミワはどんなふうに死んでいきたい？」

「ん、そうね……。地中海かどこかの美しい孤島で、大好きな人たちと食卓を囲みながら愉しい時間を過ごす。家に帰ってからは窓からきれいな海を眺めて、お気に入りの本を読んだりしてベッドに就く。そのまま静かに息を引きとる……ってのはどうかしら？」

「スーパー！　すごくロマンチックじゃな。あとは、たとえば『死ぬまでにやりたいこと100個』をリストにして書き出すという、いわゆる**バケットリスト**もいいし、**人生最後の晩餐**をイメージする方法もある。読書や映画も死について考えるきっかけになり得るし、もちろん、信仰に答えを見つけ出す人もいると思う」

「自分の最期だっていうのに、なんだか想像すると楽しくなってくるわね」

「もう少し専門的なものとしては、認知療法とマインドフルネスを組み合わせた例の**ACT**（190ページ）の方法がある。よく用いられるのは、『自分の葬式で読み上げられる弔《ちょう》辞《じ》を想像する』『自分の墓石に刻まれる言葉を想像する』といったやり方じゃな[*130]」

「ちょ、弔辞……。なんだか縁起でもない感じね」

ヨーダによれば、自分が一生を終えたときに、どんな人生だったと振り返りたいかを想像しながら、次の3つの観点で弔《とむら》いの言葉を考えればいいのだという。

①身体（physical）
②心理（mental）
③スピリチュアル（spiritual）

「まずは一つめじゃ。ミワは自分の身体とどんな関係を持って生きていきたいのか。それについて、自分の葬式でどんなふうに語られたらうれしいじゃろうか？」

ヨーダに言われて、私は想像してみる。

「葉月美羽さんは、老いていると思われないよう、たえず外見ばかりを気にし、化粧品や美容整形にも大金をつぎ込みました」

そんな弔辞はごめんだ！　たとえばこんな感じだろうか。

「葉月美羽さんは、年齢に伴う身体の変化を受け入れ、内面とのバランスをとりながら歳を重ねていきました。運動や食事にも気を配り、つねに年齢相応の美しさを湛えた魅力的な人でした。晩年には病気を患うこともありましたが、そんな病気も友人のように受け入れていました」

こうして言葉にしてみると、なんとなく自分の価値観が見えてくる。私は健康でありたいが、やはり同時に魅力的な人間でありたい。とはいえ、偽りの外見ではなく、年齢に応じた美しさを手にしていたいのだ。

この要領で、私は「②心理」や「③スピリチュアル」の観点からも、弔辞のセンテンスを考えてみた。ちなみに、「スピリチュアル」というのは、どんな人間になりたいか、どんな叡智を持ちたいか、何を信じたいかといった、「心理」よりも深い精神性の側面のことらしい。

3つの観点で弔辞を考え、それぞれの根底にある価値観を確認した私にヨーダが言った。

「ではACTの最後のステップじゃ。ミワが描いた3つの価値を実現するために、自分にはどんな行動が新たに必要だと思う？　できることからでいいぞ。いきなり難しいことに取り組む必要はない。ただし、できるだけ具体的にすること。これまでの行動のうち、何をキープして、何を捨て、何を新たにはじめるか。そこまで明確にしてみよう」

＊　＊　＊

病床の傍らで続いたヨーダのレクチャーが一段落したあたりで、私の携帯電話が鳴った。カルビンだった。

「ミワ！　大ニュースだよ!!」

いつも淡々と話す彼にしては、珍しく声が弾んでいる。どうやら「いいニュース」なのは間違いがなさそうだ。

「火事の原因がわかったんだ。警察によると、放火だったらしい。近所の高校生たち３人組が自首してきたそうだ」


その後、シニアハウスに戻った私は、カルビンから詳しい説明を聞いた。

「とても悲しいことだけれど……その高校生たちは、『なんとなくシニアハウスの老人たちが気に入らなかった』と供述しているらしい。彼らの両親の一人が、偶然、彼らのやり取りを耳にして、犯行が発覚したんだ」

「そ、そんな……。『なんとなく気に入らない』ってだけで放火？　ひどすぎる……」

私は軽い目眩を覚えていた。ここでもやはり「老いへの嫌悪」。そして、その嫌悪感は、間違いなく私自身のなかにも潜んでいるものだった。

「たしかにひどすぎる。でもねミワ、人は『自分と違う』というだけで、平気で差別をしたり、暴力を振るったりする。僕は小さいころ、貧しい黒人ゲットーで育ったから、よくわかるんだ。僕の祖父母たちは、肌の色が黒いってだけで、とんでもない迫害を受けてきたし、両親たちも苦労の連続だった。

いつか、そんな『違い』を乗り越えて、それを受け入れる世の中が来てほしい。だからこそ、異世代交流型シニアハウス〝エターナル〟は、僕にとっての希望なんだ」

後日、アキコを疑っていた何人かの老人たちは、私に謝罪の言葉を伝えにきた。祖母が回復したら、彼女にも正式に謝るつもりだという。

＊　＊　＊

夕暮れ時、コネティカット州ニューヘイブンにも、冬の気配が漂いつつあった。

丘の上にある〝エターナル〟からは、夕日に照らされた美しい街並みが一望できる。

あれ以来、ナナの容態は悪くなる一方だった。今日の午後には、「これ以上できることはない」と医師から伝えられた。

「もし間違っていたらごめんなさいね――」私はヨーダに話しかけた。

「ひょっとしてヨーダは昔、ナナのことが好きだったんじゃない？」

私の言葉を聞いたヨーダは、くしゃくしゃの笑顔になった。

どうやら照れているらしい。


「いつか、アキコが色鉛筆で花の絵を描いたことがあったじゃろ?」

「ええ、あのときヨーダは、ゴッホの『アイリス』をモチーフにした作品だって教えてくれたわ」

「……30歳のとき、わしは学会帰りにニューヨークのメトロポリタン美術館に立ち寄った。そこで『アイリス』を熱心に模写する一人の女性に出会ったんじゃ」

「えっ、それが……?」

「そう、アキコじゃ」

なるほど、あの絵にはそんな思い出があったのか……。


「アキコは、それはそれは美しく知性溢れる女性じゃった。彼女は当時、離婚したばかりだったが、お腹には子どもがいた。それが君のお母さんというわけじゃ。そこからわしらの関係がどうなったかは……まあ、ミワの想像に任せることにしようか。

その後、わしは別の女性と結婚し、アキコは気鋭のアーティストとして世界的な注目を集めていった。もう会うこともないかと思っていたが、50年近く別々の人生を歩んだ2人が、偶然にもここ〝エターナル〟で再会を果たしたというわけじゃよ」

そう言ってヨーダは懐から例のスケッチを取り出した。

押し黙ったままジッとそれを眺める彼は、祖母との美しい思い出を注意深く手繰り寄せているようだった。

かつての2人はきっと、短いながらも幸福な時間を過ごしたのだろう。

Epilogue

金繕いの器

「あらぁ……こんな貧相になっちゃって……」

祖母の亡骸《なきがら》を取り囲む私たちのところに現れたのは、予期せぬ訪問者だった。

「マ、ママ!?　……急にどうしたのよ？　来るつもりだったなら、そう言ってよ」

母は私の言葉など耳に入らない様子で、ベッドに横たわる祖母をジッと見つめていた。

こんなときでも服装や髪型はいかにも女優然としているが、目元のメイクだけが珍しくわずかに崩れている。

＊　＊　＊

「危機」以来、〝エターナル〟は順調に再建の道を歩んでいた。シニア世代による人生相談を組み合わせたマインドフルネス研修は、依然として満員の状態が続いており、メディアからも引っぱりだこだった。研修から得られる利益は、ジュニア棟の補修に必要な額には遠く及ばなかったものの、ナツが州に申請してくれていた助成金が受理されたこともあり、建物のリニューアルも予想以上のスピードで進んでいる。

イェール大学での私の研究も進展を見せていた。老いへの恐怖を煽るために使われていたVR技術は、人々のよりよい成熟を促すための新たなデバイスに組み込まれている。

幸い、「エルピスⅢ」は専門家の世界でセンセーションを巻き起こし、多くの投資家が今後の開発をサポートしてくれることになった。

その一方、「もはや余命いくばくか」と言われていた祖母は、医師の予想に大きく反し、驚異的な回復を見せた。彼女の病床には、〝エターナル〟の住人が入れ替わり立ち替わり顔を見せ、とりとめもない日常会話に花を咲かせるのが常になった。

そこにあったのは、「看取り」という言葉から連想される物悲しい空気よりは、誰もが笑顔になる「お祭り」のようなムードに近かったかもしれない。

みなが笑顔で語り合うなか、ナナは静かに逝った。

まったく悲しみがなかったと言えば嘘になる。しかし、東京からニューヨーク、そしてコネティカットへと続いた彼女の人生の旅路が、新たな目的地に向かうのを見送った私たちには、不思議な満足感が残された。

＊　＊　＊

「……まったく……。好きなように生きて、勝手に歳をとって、こんなに惨めったらしい姿になって……娘にひとことも言わず勝手に死んで……」

うつむいた母の声が震えている。

母が祖母に対してこんな思いを抱いていたとは、想像だにしなかった。

しかし同時に、言い知れぬ怒りが湧いてくる。

「(『娘をほったらかしにしてきた』のはあなた自身だって同じじゃないの！　どうしてナナにそんな勝手なことが言えるの！)」

そんな言葉が喉元まで出かかったところで、私の表情に気づいたヨーダが割って入る。

「キョウコさん、これまできっと寂しい思いをしたんじゃろうな。

しかし、考えてごらんなさい。彼女がつくり出した美は、世界の人々をどれだけ魅了したか。あなたを育てながら、あれだけの作品を生み出すために、アキコはどれほどの苦労をしたことか」

奇妙な小柄の老人に話しかけられて母は一瞬ギョッとした様子だったが、気を取り直したのかヨーダを睨みつけて言った。

「……どこのどなたかは知りませんけど、あなたには関係がないことよ。芸術が何よ。芸術と子どもとどっちが大事だって言うの！　私にはひとことも話しかけてくれないときだってあったんだから。それなのに、こんなになっちゃって……もう話も何もできないじゃない！」

言い終えると、母は肩を震わせて嗚咽《おえつ》を漏らした。酒に酔ってもいない母が、人前でこんなふうに泣くのを見るのは初めてのことだ。

「不躾《ぶしつけ》なことを言ったようなら謝るよ。わしはアキコの古い友人なんじゃ。

彼女は、まだ幼かったあなたを抱きながら、いつも悩みを口にしておったよ。『私は自分の道を重んじるあまり、この子をなおざりにしてしまっているのではないか。私には母親になる資格がなかったのではないか……』とね」

「……！」

それを耳にした母は一瞬静かになり、それからまた激しく涙を流しはじめた。

ふと気づくと私は母に駆け寄り、彼女の背中をさすっていた。

言葉にならない感情がこみ上げてきて、私の目からも次から次へと涙が溢れ出てくる。


「アキコは間違いなくあなたのことを愛していた。わしは若いころに彼女がそう語るのを何度も耳にしたよ。彼女は葛藤を抱えながらも、ずっとあなたのことを気遣っていた。あなたがミワのことをいつも大切に思ってきたのと同じじゃ。その愛情は不器用すぎてなかなか伝わらんかったかもしれんが……。

しかし、彼女の凜とした強さの遺伝子は、キョウコさんにもミワにもはっきりと受け継がれておる。その証拠に、2人とも女優として、研究者として、こんなに立派に成長できたわけじゃからな。

それに彼女の脳と身体は、生涯にわたって本当にすばらしく働き続けた。アキコの身体は、がんにも心筋梗塞にもならんかった。心臓や肝臓の機能は、最期の最期まで健康そのものじゃった。
そんなすばらしい遺伝子の一つひとつを、キョウコさんもミワも引き継いでいることを忘れてはいかんよ。アキコはそんな素敵な贈り物を残して、この世を去っていくんじゃ」

ヨーダの言うとおりだった。
私たち一人ひとりの人間は老いて、やがて死んでいく。
しかし、その人が生涯で生み出した価値は、宇宙のなかに刻み込まれて永続的に残る。
母は亡骸に歩み寄り、静かに手を添えた。

「お母さん――」

母からその言葉を聞いたのは初めてだった。

＊　＊　＊

いよいよ私のサバティカルも終わりを告げようとしていた。

「ミワ、本当に行ってしまうんだね」

カルビンが〝エターナル〟のエントランスで、悲しそうな顔をしている。

この場所で私が気を失って倒れたあの日から、ずいぶんと月日が経ったように感じられた。この黒人青年がいなければ、ここでの日々はこんなに充実したものになり得なかっただろう。そう思うと、胸に熱いものがこみ上げてくる。

「カルビン、本当に……本当にありがとう」

私が差し出した手を握り返しながら、何か逡巡している様子の彼だったが、意を決したように言った。

「ミワ、僕たち……また会えるかな？」

吸い込まれそうなくらい大きな瞳で、彼はまっすぐこちらを見ている。

「もちろん！　きっとまたすぐに会えるわ」

私は自分に言い聞かせるように答える。

「ミワ、これは君に」

ヨーダが見覚えのある木箱を手渡してきた。箱のなかには、祖母がつくったあの「金継ぎ」の器が入っている。手に取ってじっくりと眺めると、そこからはまるで若き祖母の息遣いが聞こえるようだった。

「え？　でも、これは……」

「いいんじゃ。いまはもうミワが持っているのがふさわしい」

壊れかけているけれど、だからこそ生み出される美しさ——。

これがあれば、私はもう老いの恐怖に怯えることもないだろう。

小春日和の空に、黄色い蝶が舞っていた。

おわりに――「最期」があるからこその発見

2016年7月13日、「今上天皇が生前退位の意向」というニュースが日本中を駆けめぐりました。続く8月8日には、「お気持ち」を綴ったビデオメッセージが公表されます。

当時、処女作となる『最高の休息法』が出版されて、久しぶりに日本を訪れていた私にとって、このニュースは大変な驚きでした。

「ついにここまで来たのか」と――。

日本の高齢化は、以前からすでに「常識」であったわけですが、天皇の身にまでその影響が及んだかのようなこの象徴的なニュースには、心打たれるものがありました。さっそく編集者の藤田さんに、このテーマについてご相談したのを覚えています。

「残りの人生を生きていくための羅針盤がほしい」

というようなことを言ったかと思います。自らの根源的な渇望から生まれた、次作へのアイデアでした。

その後、日本でもアメリカでも、「老い」に関する出版物は増え続けています。

しかし、私の知りたいことを提供してくれるものは、なかなか見つかりませんでした。今後の人生で自分に何が起きるのか？　それに対してどう向き合えばいいのか？　もっと言うと、老いへの恐怖を取り除くには何が必要なのか？

ロサンゼルスにある私のクリニックにも、時代の波が押し寄せています。患者さんたちが高齢化していく、そして記憶低下や認知症の問題が頻繁になっていく――。

「アルツハイマー病の原因は不明です。進行を遅らせる薬があるだけです」

こう説明するしかない自分には、正直なところ嫌悪を覚えました。患者さんたちからすれば、こんな説明では満足できないでしょう。アルツハイマー病については、「答えが出るのは何十年か先」などとも言われています。しかし、私も含めて、そんなに長く待っているわけにはいかないのです。

デール・ブレデセンはその著書で、認知症に対して手をこまねいている医療を嘆いています。曰く、

「私たちは認知症の悲劇に麻痺したのか。全力を尽くすことを断念したのか。（中略）科学の天才が、アルツハイマー病に対しては無力だと思い込んでいるのか」

要するに、認知症やアルツハイマー病を克服しようとする情熱が、専門家たちに欠けているのではないかと訴えているのです。それと同時に、そうした「熱い思い」によって客観性を失う危険についても彼は触れています。

では、脳と心の専門家として、私たちには何ができるのでしょうか？ ブレデセンも、テロメアの権威エリザベス・ブラックバーンも、白澤抗加齢医学研究所所長の白澤卓二先生も、口を揃えて強調していることがあります。ストレスが老いと認知症のリスクファクターになるということです。

本書がご紹介したマインドフルネスは、ストレスを和らげると同時に、私たちの脳を老いにくい状態へと変化させます。さらには、生活習慣や行動にも影響を与え、運動や食事改善といった老化対策の実行も促してくれます。料理にたとえるなら、それ自体がおいしい食材であると同時に、ほかの食材を引き立たせ、料理を全体としても一つにまとめあげるスパイスのような存在なのです。

この領域では、未知の事柄が多いのは事実です。本書では、「熱い思い」と客観性のバランスを保ちつつ、この時代にみなさんに知っておいていただきたいことを、可能な限りの科学的根拠をもってまとめました。ライフ・マインドフルネスをはじめとして、本書でご紹介したメソッドをみなさんにも実践いただけましたら、著者としても幸いです。

＊　＊　＊

２０１７年1月、本書のテーマに関して、白澤卓二先生との対談の機会をいただいたときのことです。

じつはその対談の30分前に、父の余命が6カ月との連絡を受けたばかりでした。その際に白澤先生は、動揺する私に、そして父に、一般論を超えた貴重なメッセージをくださいました。先生にはこの場を借りて御礼申し上げたいと思います。

『最高の休息法』の出版を喜んでいた父は、その後他界しました。父の死を見つめることになった時期と、本書の執筆プロセスとがちょうど重なる形になったのは、まったく意図しなかったことです。

「人生の最も大事な2つのチャプターは生と死だ。その一つを讃えなくてどうする」

白澤先生からいただいた言葉は、その後の私にとって少なからず助けとなりました。本書の執筆に際して、アンチエイジング医療と認知症予防に関して貴重なアドバイスをいただいたほか、ミワやスコットらがアキコを看取る本文中のシーンにも、白澤先生からの示唆が多分に反映されていることを申し添えておきます。

本書の執筆にあたっては、それ以外にもたくさんの方々にお世話になりました。マサチューセッツ大学マインドフルネスセンター研究責任者であるジャドソン・ブルワーとは、彼の専門のマインドフルネスと脳科学について、とくに後帯状皮質の活動と老化の関係性について、有意義なディスカッションを重ねさせていただきました。

カリフォルニア大学ロサンゼルス校(UCLA)助教授の津川友介先生には、認知症と食事予防(マインド・ダイエット)の意義について、専門家としての貴重なご意見をいただきました。

同じくUCLAで教鞭をとり、マインドフル・エイジングのエキスパートとして活躍されているミトラ・マネシュには、老いと死に向きあい、いまを生きる術を伝授いただきました。

京都大学教育学研究科の森口佑介准教授には、子どもと高齢者の前頭葉の発達について、素晴らしい知見をご提供いただきました。

株式会社マインドフルヘルス(mindful-health.co.jp)代表取締役で神経内科医の山下あ

きこ先生には、ご専門の「マインドフルネスを健康へ活かす」という視点から、ライフ・マインドフルネスへの示唆に富むご意見をいただきました。

このような各領域のエキスパートの方々から、貴重なアドバイスをいただけたことは、望外の喜びです。深く感謝いたします。

最後に、編集者の藤田悠さんには、『最高の休息法』シリーズに続き、ひとかたならぬお力添えをいただきました。彼の知能と思慮深さによって、この作品にどれだけ格調高さが加わったか知れません。2年前に、本作のアイデアをご相談して以来、息の長いサポートをしていただいたことに心から感謝いたします。

＊　＊　＊

父が亡くなる数日前、ある考えが頭をよぎりました。

「永遠がないことを知ることが、永遠にいること」

本書の執筆と、父のラスト・チャプターが交錯するなかでの気づきでした。

父が亡くなったあと、友人がくれた助け舟の言葉も忘れられません。

「水晶（クリスタル）と氷がある。氷のほうはいつしか溶けて、姿を変えてしまうが、氷には水晶にはない美しさがある」

死という「最期」に触れたからこそ、至ることのできる発見がある。いまの私は、それを信じられます。

亡き父は、本作を目にすることはありませんでした。でも、きっと楽しんでくれるのではないかなと思っています。

久賀谷 亮

＊124 Sample, I. (2011). Stephen Hawking: There is no heaven; it's a fairy story. *The Guardian*. [https://www.theguardian.com/science/2011/may/15/stephen-hawking-interview-there-is-no-heaven]

＊125 山本良一・Think the Earth Project. (2003). 1秒の世界 GLOBAL CHANGE in ONE SECOND. ダイヤモンド社.

＊126 Suzuki, S. (2010). *Zen mind, beginner's mind: Informal talks on Zen meditation and practice*. Shambhala Publications.

＊127 真木悠介. (2003). 時間の比較社会学. 岩波現代文庫.

＊128 長嶋一茂. (2010). 乗るのが怖い――私のパニック障害克服法. 幻冬舎新書.

＊129 Furer, P., & Walker, J. R. (2008). Death anxiety: A cognitive-behavioral approach. *Journal of Cognitive Psychotherapy*, 22(2), 167-182.

\- Hiebert, C., Furer, P., Mcphail, C., & Walker, J. R. (2005). Death anxiety: A central feature of hypochondriasis. *Depression and Anxiety*, 22(4), 215-216.

＊130 Bloom, S. (1975). On teaching an undergraduate course on death and dying. *OMEGA-Journal of Death and Dying*, 6(3), 223-226.

\- Iverach, L., Menzies, R. G., & Menzies, R. E. (2014). Death anxiety and its role in psychopathology: Reviewing the status of a transdiagnostic construct. *Clinical Psychology Review*, 34(7), 580-593..

theory of socioemotional selectivity. *Nebraska Symposium on Motivation*, 40, 209-254.

*111 Tornstam, L. (2005).*Gerotranscendence: A developmental theory of positive aging*. Springer Publishing Company.

*112 増井幸恵. (2014). 話が長くなるお年寄りには理由がある. PHP新書.

- 佐藤眞一・権藤恭之［編著］. (2016). よくわかる高齢者心理学. ミネルヴァ書房.

*113 Hanh, T. N. (2006). *True love: A practice for awakening the heart*. Shambhala Publications.

*114 Levy, B. R., Hausdorff, J. M., Hencke, R., & Wei, J. Y. (2000). Reducing cardiovascular stress with positive self-stereotypes of aging. *The Journals of Gerontology Series B: Psychological Sciences and Social Sciences*, 55(4), 205-213.

*115 Brewer, J. (2017). *The craving mind: from cigarettes to smartphones to love? Why we get hooked and how we can break bad habits*. Yale University Press.（邦訳：久賀谷亮［監訳・解説］, 岩坂彰［訳］. あなたの脳は変えられる. ダイヤモンド社）

*116 Brewer, J. A., Worhunsky, P. D., Gray, J. R., Tang, Y. Y., Weber, J., & Kober, H. (2011). Meditation experience is associated with differences in default mode network activity and connectivity. *Proceedings of the National Academy of Sciences*, 108(50), 20254-20259.

*117 Alda, M., Puebla-Guedea, M., Rodero, B., Demarzo, M., Montero-Marin, J., Roca, M., & Garcia-Campayo, J. (2016). Zen meditation, length of telomeres, and the role of experiential avoidance and compassion. *Mindfulness*, 7(3), 651-659.

*118 Kivipelto, M., & Solomon, A. (2008). Alzheimer's disease—the ways of prevention. *The Journal of Nutrition Health and Aging*, 12(1), S89-S94.

*119 久賀谷亮. (2018). 無理なくやせる"脳科学ダイエット". 主婦の友社.

*120 Brewer, J. A., Mallik, S., Babuscio, T. A., Nich, C., Johnson, H. E., Deleone, C. M., ... & Carroll, K. M. (2011). Mindfulness training for smoking cessation: results from a randomized controlled trial. *Drug and Alcohol Dependence*, 119(1-2), 72-80.

- Brewer, J. (2017). *The craving mind: from cigarettes to smartphones to love? Why we get hooked and how we can break bad habits*. Yale University Press.（邦訳：久賀谷亮［監訳・解説］, 岩坂彰［訳］. あなたの脳は変えられる. ダイヤモンド社）

*121 Katterman, S. N., Kleinman, B. M., Hood, M. M., Nackers, L. M., & Corsica, J. A. (2014). Mindfulness meditation as an intervention for binge eating, emotional eating, and weight loss: A systematic review. *Eating Behaviors*, 15(2), 197-204.

*122 Tang, Y. Y., Hölzel, B. K., & Posner, M. I. (2015). The neuroscience of mindfulness meditation. *Nature Reviews Neuroscience*, 16(4), 213.

*123 Ball, K., Berch, D. B., Helmers, K. F., Jobe, J. B., Leveck, M. D., Marsiske, M., ... & Unverzagt, F. W. (2002). Effects of cognitive training interventions with older adults: a randomized controlled trial. *JAMA*, 288(18), 2271-2281.

*102 Gallen, C. L., Turner, G. R., Adnan, A., & D'Esposito, M. (2016). Reconfiguration of brain network architecture to support executive control in aging. *Neurobiology of Aging*, 44, 42-52.

*103 Cabeza, R. (2002). Hemispheric asymmetry reduction in older adults: the HAROLD model. *Psychology and Aging*, 17(1), 85-100.

*104 Davis, S. W., Dennis, N. A., Daselaar, S. M., Fleck, M. S., & Cabeza, R. (2007). Que PASA? The posterior-anterior shift in aging. *Cerebral Cortex*, 18(5), 1201-1209.

*105 Moriguchi, Y., & Hiraki, K. (2009). Neural origin of cognitive shifting in young children. *Proceedings of the National Academy of Sciences*, 106(14), 6017-6021.

- 森口佑介. (2015). 実行機能の初期発達：脳内機構およびその支援. 心理学評論, 58(1), 77-88.

- 森口佑介. (2009). 幼児の固執的行動と前頭前野の活動. 発達科学・発達心理学を考える. [http://blog.livedoor.jp/gccpu/archives/1233647.html]（ブログ）

*106 Mather, M. (2012). The emotion paradox in the aging brain. *Annals of the New York Academy of Sciences*, 1251(1), 33-49.

- Moriguchi, Y., & Hiraki, K. (2013). Prefrontal cortex and executive function in young children: a review of NIRS studies. *Frontiers in Human Neuroscience*, 7, 867.

- Moriguchi, Y., & Hiraki, K. (2011). Longitudinal development of prefrontal function during early childhood. *Developmental Cognitive Neuroscience*, 1(2), 153-162.

- Moriguchi, Y. (2014). The early development of executive function and its relation to social interaction: a brief review. *Frontiers in Psychology*, 5, 388.

*107 Nashiro, K., Sakaki, M., & Mather, M. (2012). Age differences in brain activity during emotion processing: Reflections of age-related decline or increased emotion regulation. *Gerontology*, 58(2), 156-163.

- Sakaki, M., Nga, L., & Mather, M. (2013). Amygdala functional connectivity with medial prefrontal cortex at rest predicts the positivity effect in older adults' memory. *Journal of Cognitive Neuroscience*, 25(8), 1206-1224.

- Mather, M., & Carstensen, L. L. (2003). Aging and attentional biases for emotional faces. *Psychological Science*, 14(5), 409-415.

- Mather, M. (2012). The emotion paradox in the aging brain. *Annals of the New York Academy of Sciences*, 1251(1), 33-49.

*108 Gould, R. L., Brown, R. G., Owen, A. M., Bullmore, E. T., & Howard, R. J. (2006). Task-induced deactivations during successful paired associates learning: an effect of age but not Alzheimer's disease. *Neuroimage*, 31(2), 818-831.

*109 Mather, M., Mazar, N., Gorlick, M. A., Lighthall, N. R., Burgeno, J., Schoeke, A., & Ariely, D. (2012). Risk preferences and aging: The "certainty effect" in older adults' decision making. *Psychology and Aging*, 27(4), 801-816.

*110 Carstensen, L. L. (1993). Motivation for social contact across the life span: A

*90 Filippini, N., MacIntosh, B. J., Hough, M. G., Goodwin, G. M., Frisoni, G. B., Smith, S. M., ... & Mackay, C. E. (2009). Distinct patterns of brain activity in young carriers of the APOE- ε 4 allele. *Proceedings of the National Academy of Sciences*, 106(17), 7209-7214.

*91 Epel, E. S., Puterman, E., Lin, J., Blackburn, E. H., Lum, P. Y., Beckmann, N. D., ... & Tanzi, R. E. (2016). Meditation and vacation effects have an impact on disease-associated molecular phenotypes. *Translational Psychiatry*, 6(9), e880.

- Shaurya Prakash, R., De Leon, A. A., Klatt, M., Malarkey, W., & Patterson, B. (2012). Mindfulness disposition and default-mode network connectivity in older adults. *Social Cognitive and Affective Neuroscience*, 8(1), 112-117.

- Prakash, R. S., De Leon, A. A., Patterson, B., Schirda, B. L., & Janssen, A. L. (2014). Mindfulness and the aging brain: a proposed paradigm shift. *Frontiers in Aging Neuroscience*, 6, 120.

*92 Hoge, E. A., Chen, M. M., Orr, E., Metcalf, C. A., Fischer, L. E., Pollack, M. H., ... & Simon, N. M. (2013). Loving-Kindness Meditation practice associated with longer telomeres in women. *Brain, Behavior, and Immunity*, 32, 159-163.

- Carlson, L. E., Beattie, T. L., Giese − Davis, J., Faris, P., Tamagawa, R., Fick, L. J., ... & Speca, M. (2015). Mindfulness − based cancer recovery and supportive − expressive therapy maintain telomere length relative to controls in distressed breast cancer survivors. *Cancer*, 121(3), 476-484.

*93 Lengacher, C. A., Reich, R. R., Kip, K. E., Barta, M., Ramesar, S., Paterson, C. L., ... & Park, H. Y. (2014). Influence of mindfulness-based stress reduction (MBSR) on telomerase activity in women with breast cancer (BC). *Biological Research for Nursing*, 16(4), 438-447.

*94 Schutte, N. S., & Malouff, J. M. (2014). A meta-analytic review of the effects of mindfulness meditation on telomerase activity. *Psychoneuroendocrinology*, 42, 45-48.

*95 佐藤眞一・権藤恭之［編著］. (2016). よくわかる高齢者心理学. ミネルヴァ書房.

*96 Hernandez, C. R., & Gonzalez, M. Z. (2008). Effects of intergenerational interaction on aging. *Educational Gerontology*, 34(4), 292-305.

*97 De Hennezel, M. (2012). *The Art of Growing Old: Aging with Grace*. Penguin.

*98 Burns, D. D. (1999). *Ten Days to Self-Esteem*. William Morrow Paperbacks.

*99 Ruiz, F. J. (2010). A review of Acceptance and Commitment Therapy (ACT) empirical evidence: Correlational, experimental psychopathology, component and outcome studies. *International Journal of Psychology and Psychological Therapy*, 10(1).

*100 Erikson, E. H. (1994). *Identity and the life cycle*. WW Norton & Company.

- Newman, B. M., & Newman, P. R. (2017). *Development through life: A psychosocial approach*. Cengage Learning.

*101 佐藤眞一・権藤恭之［編著］. (2016). よくわかる高齢者心理学. ミネルヴァ書房.

*82 Acevedo, B. P., Pospos, S., & Lavretsky, H. (2016). The neural mechanisms of meditative practices: novel approaches for healthy aging. *Current Behavioral Neuroscience Reports*, 3(4), 328-339.

*83 Gard, T., Taquet, M., Dixit, R., Hölzel, B. K., de Montjoye, Y. A., Brach, N., ... & Lazar, S. W. (2014). Fluid intelligence and brain functional organization in aging yoga and meditation practitioners. *Frontiers in Aging Neuroscience*, 6, 76.

*84 Lehert, P., Villaseca, P., Hogervorst, E., Maki, P. M., & Henderson, V. W. (2015). Individually modifiable risk factors to ameliorate cognitive aging: a systematic review and meta-analysis. *Climacteric*, 18(5), 678-689.

- Wayne, P. M., Walsh, J. N., Taylor - Piliae, R. E., Wells, R. E., Papp, K. V., Donovan, N. J., & Yeh, G. Y. (2014). Effect of Tai Chi on cognitive performance in older adults: Systematic review and meta - Analysis. *Journal of the American Geriatrics Society*, 62(1), 25-39.

*85 Lazar, S. W., Kerr, C. E., Wasserman, R. H., Gray, J. R., Greve, D. N., Treadway, M. T., ... & Rauch, S. L. (2005). Meditation experience is associated with increased cortical thickness. *Neuroreport*, 16(17), 1893-1897.

- Hölzel, B. K., Carmody, J., Vangel, M., Congleton, C., Yerramsetti, S. M., Gard, T., & Lazar, S. W. (2011). Mindfulness practice leads to increases in regional brain gray matter density. *Psychiatry Research: Neuroimaging*, 191(1), 36-43.

- Fox, K. C., Nijeboer, S., Dixon, M. L., Floman, J. L., Ellamil, M., Rumak, S. P., ... & Christoff, K. (2014). Is meditation associated with altered brain structure? A systematic review and meta-analysis of morphometric neuroimaging in meditation practitioners. *Neuroscience & Biobehavioral Reviews*, 43, 48-73.

*86 Brewer, J. A., Worhunsky, P. D., Gray, J. R., Tang, Y. Y., Weber, J., & Kober, H. (2011). Meditation experience is associated with differences in default mode network activity and connectivity. *Proceedings of the National Academy of Sciences*, 108(50), 20254-20259.

*87 Lustig, C., Snyder, A. Z., Bhakta, M., O'Brien, K. C., McAvoy, M., Raichle, M. E., ... & Buckner, R. L. (2003). Functional deactivations: change with age and dementia of the Alzheimer type. *Proceedings of the National Academy of Sciences*, 100(24), 14504-14509.

*88 Buckner, R. L., Snyder, A. Z., Shannon, B. J., LaRossa, G., Sachs, R., Fotenos, A. F., ... & Mintun, M. A. (2005). Molecular, structural, and functional characterization of Alzheimer's disease: evidence for a relationship between default activity, amyloid, and memory. *Journal of Neuroscience*, 25(34), 7709-7717.

- Mormino, E. C., Smiljic, A., Hayenga, A. O., H. Onami, S., Greicius, M. D., Rabinovici, G. D., ... & Miller, B. L. (2011). Relationships between beta-amyloid and functional connectivity in different components of the default mode network in aging. *Cerebral Cortex*, 21(10), 2399-2407.

*89 Bero, A. W., Yan, P., Roh, J. H., Cirrito, J. R., Stewart, F. R., Raichle, M. E., ... & Holtzman, D. M. (2011). Neuronal activity regulates the regional vulnerability to amyloid- β deposition. *Nature Neuroscience*, 14(6), 750-756.

pact of Medical Residency Training on Cellular Aging. *Biological Psychiatry*, 83(9), S114.

*72 Mathur, M. B., Epel, E., Kind, S., Desai, M., Parks, C. G., Sandler, D. P., & Khazeni, N. (2016). Perceived stress and telomere length: a systematic review, meta-analysis, and methodologic considerations for advancing the field. *Brain, Behavior, and Immunity*, 54, 158-169.

\- Epel, E. S., & Prather, A. A. (2018). Stress, Telomeres, and Psychopathology: Toward a Deeper Understanding of a Triad of Early Aging. *Annual Review of Clinical Psychology*, 14, 371-397.

*73 Zhou, Q. G., Hu, Y., Wu, D. L., Zhu, L. J., Chen, C., Jin, X., ... & Zhu, D. Y. (2011). Hippocampal telomerase is involved in the modulation of depressive behaviors. *Journal of Neuroscience*, 31(34), 12258-12269.

*74 Aydinonat, D., Penn, D. J., Smith, S., Moodley, Y., Hoelzl, F., Knauer, F., & Schwarzenberger, F. (2014). Social isolation shortens telomeres in African grey parrots (Psittacus erithacus erithacus). *PloS One*, 9(4), e93839.

*75 Park, M., Verhoeven, J. E., Cuijpers, P., Reynolds III, C. F., & Penninx, B. W. (2015). Where you live may make you old: the association between perceived poor neighborhood quality and leukocyte telomere length. *PloS One*, 10(6), e0128460.

*76 Gruenewald, T. L., Tanner, E. K., Fried, L. P., Carlson, M. C., Xue, Q. L., Parisi, J. M., ... & Seeman, T. E. (2015). The Baltimore Experience Corps Trial: enhancing generativity via intergenerational activity engagement in later life. *Journals of Gerontology Series B: Psychological Sciences and Social Sciences*, 71(4), 661-670.

*77 Friedman, H. S., Kern, M. L., & Reynolds, C. A. (2010). Personality and health, subjective well – being, and longevity. *Journal of Personality*, 78(1), 179-216.

\- Mayer, J. D. (2010). An Aspect of Personality that Predicts Longevity - Do psychological factors really predict longevity?. *Psychology Today*. [https://www.psychologytoday.com/intl/blog/the-personality-analyst/201011/aspect-personality-predicts-longevity]

\- Friedman, H. S., & Martin, L. R. (2011). *The longevity project: surprising discoveries for health and long life from the landmark eight decade study*. Hay House, Inc.

*78 Masui, Y., Gondo, Y., Inagaki, H., & Hirose, N. (2006). Do personality characteristics predict longevity? Findings from the Tokyo Centenarian Study. *Age*, 28(4), 353-361.

*79 Schocker, L. (2012). 6 Personality Traits Associated With Longevity. *HuffPost*. [https://www.huffingtonpost.com/2012/07/06/personality-longevity_n_1652685.html]

*80 Conklin, Q., King, B., Zanesco, A., Pokorny, J., Hamidi, A., Lin, J., ... & Saron, C. (2015). Telomere lengthening after three weeks of an intensive insight meditation retreat. *Psychoneuroendocrinology*, 61, 26-27.

*81 Epel, E. S., Puterman, E., Lin, J., Blackburn, E. H., Lum, P. Y., Beckmann, N. D., ... & Tanzi, R. E. (2016). Meditation and vacation effects have an impact on disease-associated molecular phenotypes. *Translational Psychiatry*, 6(9), e880.

- Singh, B., Parsaik, A. K., Mielke, M. M., Erwin, P. J., Knopman, D. S., Petersen, R. C., & Roberts, R. O. (2014). Association of mediterranean diet with mild cognitive impairment and Alzheimer's disease: a systematic review and meta-analysis. *Journal of Alzheimer's Disease*, 39(2), 271-282.

- Lourida, I., Soni, M., Thompson-Coon, J., Purandare, N., Lang, I. A., Ukoumunne, O. C., & Llewellyn, D. J. (2013). Mediterranean diet, cognitive function, and dementia: a systematic review. *Epidemiology*, 24(4), 479-489.

- Sofi, F., Abbate, R., Gensini, G. F., & Casini, A. (2010). Accruing evidence on benefits of adherence to the Mediterranean diet on health: an updated systematic review and meta-analysis. *The American Journal of Clinical Nutrition*, 92(5), 1189-1196.

- Rijpma, A., Meulenbroek, O., & Rikkert, M. O. (2014). Cholinesterase inhibitors and add-on nutritional supplements in Alzheimer's disease: a systematic review of randomized controlled trials. *Ageing Research Reviews*, 16, 105-112.

*65 Morris, M. C., Tangney, C. C., Wang, Y., Sacks, F. M., Bennett, D. A., & Aggarwal, N. T. (2015). MIND diet associated with reduced incidence of Alzheimer's disease. *Alzheimer's & Dementia*, 11(9), 1007-1014.

- American Heart Association. (2017). *Suggested Servings from Each Food Group*. [https://www.heart.org/en/healthy-living/healthy-eating/eat-smart/nutrition-basics/suggested-servings-from-each-food-group]

*66 西道隆臣. (2016). アルツハイマー病は治せる、予防できる. 集英社新書

*67 Jackowska, M., Hamer, M., Carvalho, L. A., Erusalimsky, J. D., Butcher, L., & Steptoe, A. (2012). Short sleep duration is associated with shorter telomere length in healthy men: findings from the Whitehall II cohort study. *PLoS One*, 7(10), e47292.

*68 Xie, L., Kang, H., Xu, Q., Chen, M. J., Liao, Y., Thiyagarajan, M., ... & Takano, T. (2013). Sleep drives metabolite clearance from the adult brain. *Science*, 342(6156), 373-377.

- Ooms, S., Overeem, S., Besse, K., Rikkert, M. O., Verbeek, M., & Claassen, J. A. (2014). Effect of 1 night of total sleep deprivation on cerebrospinal fluid β -amyloid 42 in healthy middle-aged men: a randomized clinical trial. *JAMA Neurology*, 71(8), 971-977.

- Spira, A. P., Gamaldo, A. A., An, Y., Wu, M. N., Simonsick, E. M., Bilgel, M., ... & Resnick, S. M. (2013). Self-reported sleep and β -amyloid deposition in community-dwelling older adults. *JAMA Neurology*, 70(12), 1537-1543.

*69 Vance, M. C., Bui, E., Hoeppner, S. S., Kovachy, B., Prescott, J., Mischoulon, D., ... & Hoge, E. A. (2018). Prospective association between major depressive disorder and leukocyte telomere length over two years. *Psychoneuroendocrinology*, 90, 157-164.

*70 Epel, E. S., Blackburn, E. H., Lin, J., Dhabhar, F. S., Adler, N. E., Morrow, J. D., & Cawthon, R. M. (2004). Accelerated telomere shortening in response to life stress. *Proceedings of the National Academy of Sciences*, 101(49), 17312-17315.

*71 Ridout, K., Ridout, S., Guille, C., Mata, D., & Sen, S. (2018). O16. The Im-

*55 Cherkas, L. F., Hunkin, J. L., Kato, B. S., Richards, J. B., Gardner, J. P., Surdulescu, G. L., ... & Aviv, A. (2008). The association between physical activity in leisure time and leukocyte telomere length. *Archives of Internal Medicine*, 168(2), 154-158.

\- Loprinzi, P. D., Loenneke, J. P., & Blackburn, E. H. (2015). Movement-based behaviors and leukocyte telomere length among US adults. *Medicine & Science in Sports & Exercise*, 47(11), 2347-2352.

*56 Hood, D. A. (2009). Mechanisms of exercise-induced mitochondrial biogenesis in skeletal muscle. *Applied Physiology, Nutrition, and Metabolism*, 34(3), 465-472.

*57 Hillman, C. H., Erickson, K. I., & Kramer, A. F. (2008). Be smart, exercise your heart: exercise effects on brain and cognition. *Nature Reviews Neuroscience*, 9(1), 58-65.

\- Sofi, F., Valecchi, D., Bacci, D., Abbate, R., Gensini, G. F., Casini, A., & Macchi, C. (2011). Physical activity and risk of cognitive decline: a meta - analysis of prospective studies. *Journal of Internal Medicine*, 269(1), 107-117.

\- Hamer, M., & Chida, Y. (2009). Physical activity and risk of neurodegenerative disease: a systematic review of prospective evidence. *Psychological Medicine*, 39(1), 3-11.

*58 Head, D., Bugg, J. M., Goate, A. M., Fagan, A. M., Mintun, M. A., Benzinger, T., ... & Morris, J. C. (2012). Exercise engagement as a moderator of the effects of APOE genotype on amyloid deposition. *Archives of Neurology*, 69(5), 636-643.

*59 Werner, C., Hecksteden, A., Zundler, J., Boehm, M., Meyer, T., Laufs, U. (2015). Differential effects of aerobic endurance, interval and strength endurance training on telomerase activity and senescence marker expression in circulating mononuclear cells. ESC Congress, 30 August 2015. [http://congress365.escardio.org/SubSession/4553#.WW127jOZNE4]

\- Blackburn, E. & Epel, E. (2017). *The Telomere Effect: A Revolutionary Approach to Living Younger, Healthier, Longer*. Grand Central Publishing.

*60 Wulaningsih, W., Watkins, J., Matsuguchi, T., & Hardy, R. (2016). Investigating the associations between adiposity, life course overweight trajectories, and telomere length. *Aging (Albany NY)*, 8(11), 2689.

*61 Blackburn, E. & Epel, E. (2017). *The Telomere Effect: A Revolutionary Approach to Living Younger, Healthier, Longer*. Grand Central Publishing.

*62 Farzaneh-Far, R., Lin, J., Epel, E. S., Harris, W. S., Blackburn, E. H., & Whooley, M. A. (2010). Association of marine omega-3 fatty acid levels with telomeric aging in patients with coronary heart disease. *JAMA*, 303(3), 250-257.

*63 Valls-Pedret, C., Sala-Vila, A., Serra-Mir, M., Corella, D., De la Torre, R., Martínez-González, M. Á., ... & Estruch, R. (2015). Mediterranean diet and age-related cognitive decline: a randomized clinical trial. *JAMA Internal Medicine*, 175(7), 1094-1103.

*64 Feart, C., Samieri, C., Rondeau, V., Amieva, H., Portet, F., Dartigues, J. F., ... & Barberger-Gateau, P. (2009). Adherence to a Mediterranean diet, cognitive decline, and risk of dementia. *JAMA*, 302(6), 638-648.

logical Science, 20(3), 296-298.

*40 Epel, E. S., Blackburn, E. H., Lin, J., Dhabhar, F. S., Adler, N. E., Morrow, J. D., & Cawthon, R. M. (2004). Accelerated telomere shortening in response to life stress. *Proceedings of the National Academy of Sciences*, 101(49), 17312-17315.

- Blackburn, E. & Epel, E. (2017). *The Telomere Effect: A Revolutionary Approach to Living Younger, Healthier, Longer*. Grand Central Publishing.

*41 Levy, B. (2009). Stereotype embodiment: A psychosocial approach to aging. *Current Directions in Psychological Science*, 18(6), 332-336.

*42 Ward, R. A. (2010). How old am I? Perceived age in middle and later life. *The International Journal of Aging and Human Development*, 71(3), 167-184.

*43 Beck, A. T. (1979). *Cognitive Therapy and the Emotional Disorders*. Plume.

*44 Can Alzheimer be stopped?（映像ドキュメンタリー）

*45 西道隆臣. (2016). *アルツハイマー病は治せる、予防できる*. 集英社新書.

*46 Villeda, S. A., Plambeck, K. E., Middeldorp, J., Castellano, J. M., Mosher, K. I., Luo, J., ... & Wabl, R. (2014). Young blood reverses age-related impairments in cognitive function and synaptic plasticity in mice. *Nature Medicine*, 20(6), 659-663.

*47 Wyss-Coray, T. (2016). Ageing, neurodegeneration and brain rejuvenation. *Nature*, 539(7628), 180-186.

*48 Endo, T., Yoshino, J., Kado, K., & Tochinai, S. (2007). Brain regeneration in anuran amphibians. *Development, Growth & Differentiation*, 49(2), 121-129.

- Kizil, C., Kaslin, J., Kroehne, V., & Brand, M. (2012). Adult neurogenesis and brain regeneration in zebrafish. *Developmental Neurobiology*, 72(3), 429-461.

*49 Christensen, K., & Vaupel, J. W. (1996). Determinants of longevity: genetic, environmental and medical factors. *Journal of Internal Medicine*, 240(6), 333-341.

*50 Williams, J. W., Plassman, B. L., Burke, J., Holsinger, T., & Benjamin, S. (2010). Preventing Alzheimer's disease and cognitive decline. *Evidence Report/Technology Assessment*, 193(1), 1-727.

*51 Willis, S. L., Tennstedt, S. L., Marsiske, M., Ball, K., Elias, J., Koepke, K. M., ... & Wright, E. (2006). Long-term effects of cognitive training on everyday functional outcomes in older adults. *JAMA*, 296(23), 2805-2814.

*52 Ngandu, T., Lehtisalo, J., Solomon, A., Levälahti, E., Ahtiluoto, S., Antikainen, R., ... & Lindström, J. (2015). A 2 year multidomain intervention of diet, exercise, cognitive training, and vascular risk monitoring versus control to prevent cognitive decline in at-risk elderly people (FINGER): a randomised controlled trial. *The Lancet*, 385(9984), 2255-2263.

*53 Norton, S., Matthews, F. E., Barnes, D. E., Yaffe, K., & Brayne, C. (2014). Potential for primary prevention of Alzheimer's disease: an analysis of population-based data. *The Lancet Neurology*, 13(8), 788-794.

*54 Stern, Y. (2012). Cognitive reserve in ageing and Alzheimer's disease. *The Lancet Neurology*, 11(11), 1006-1012.

Aging, 32(11), 2055-2060.

*29 King, K. S., Kozlitina, J., Rosenberg, R. N., Peshock, R. M., McColl, R. W., & Garcia, C. K. (2014). Effect of leukocyte telomere length on total and regional brain volumes in a large population-based cohort. *JAMA Neurology*, 71(10), 1247-1254.

*30 Zhan, Y., Song, C., Karlsson, R., Tillander, A., Reynolds, C. A., Pedersen, N. L., & Hägg, S. (2015). Telomere length shortening and Alzheimer disease - a Mendelian randomization study. *JAMA Neurology*, 72(10), 1202-1203.

*31 Maguire, E. A., Woollett, K., & Spiers, H. J. (2006). London taxi drivers and bus drivers: a structural MRI and neuropsychological analysis. *Hippocampus*, 16(12), 1091-1101.

- Mechelli, A., Crinion, J. T., Noppeney, U., O'doherty, J., Ashburner, J., Frackowiak, R. S., & Price, C. J. (2004). Neurolinguistics: structural plasticity in the bilingual brain. *Nature*, 431(7010), 757.

- Gaser, C., & Schlaug, G. (2003). Brain structures differ between musicians and non-musicians. *Journal of Neuroscience*, 23(27), 9240-9245.

*32 Erickson, K. I., Voss, M. W., Prakash, R. S., Basak, C., Szabo, A., Chaddock, L., ... & Wojcicki, T. R. (2011). Exercise training increases size of hippocampus and improves memory. *Proceedings of the National Academy of Sciences*, 108(7), 3017-3022.

*33 Bliss, T. V., & Collingridge, G. L. (1993). A synaptic model of memory: long-term potentiation in the hippocampus. *Nature*, 361(6407), 31.

- Murphy, T. H., & Corbett, D. (2009). Plasticity during stroke recovery: from synapse to behaviour. *Nature Reviews Neuroscience*, 10(12), 861.

*34 LeCun, Y., Bengio, Y., & Hinton, G. (2015). Deep learning. *Nature*, 521(7553), 436.

*35 内閣府. (2016). 平成28年版高齢社会白書（概要版）. [http://www8.cao.go.jp/kourei/whitepaper/w-2016/html/gaiyou/index.html]

*36 国立社会保障・人口問題研究所. (2017). 日本の将来推計人口（平成29年推計）. [http://www.ipss.go.jp/pp-zenkoku/j/zenkoku2017/pp_zenkoku2017.asp]

*37 Balaram, P. (2004). Gerontophobia, ageing and retirement. *Current Science*, 87(9), 1163-1164.

*38 佐藤眞一. (2015). 後半生のこころの事典. CCCメディアハウス.

*39 Levy, B. R., Slade, M. D., Kunkel, S. R., & Kasl, S. V. (2002). Longevity increased by positive self-perceptions of aging. *Journal of Personality and Social Psychology*, 83(2), 261.

- Levy, B. R., Slade, M. D., Murphy, T. E., & Gill, T. M. (2012). Association between positive age stereotypes and recovery from disability in older persons. *JAMA*, 308(19), 1972-1973.

- Levy, B. R., Hausdorff, J. M., Hencke, R., & Wei, J. Y. (2000). Reducing cardiovascular stress with positive self-stereotypes of aging. *The Journals of Gerontology Series B: Psychological Sciences and Social Sciences*, 55(4), 205-213.

- Levy, B. R., Zonderman, A. B., Slade, M. D., & Ferrucci, L. (2009). Age stereotypes held earlier in life predict cardiovascular events in later life. *Psycho-*

＊16 Murray, C. J., Aboyans, V., Abraham, J. P., Ackerman, H., Ahn, S. Y., Ali, M. K., ... & Andrews, K. G. (2013). GBD 2010 country results: a global public good. *The Lancet*, 381(9871), 965-970.

＊17 Alzheimer's Association (2018). Alzheimer's Disease Facts and Figures. [https://www.alz.org/alzheimers-dementia/facts-figures]

＊18 西道隆臣［編著］. (2011). ボケは40代に始まっていた――認知症の正しい知識. かんき出版.

＊19 Can Alzheimer be stopped?（映像ドキュメンタリー）

＊20 Wyss-Coray, T. (2016). Ageing, neurodegeneration and brain rejuvenation. *Nature*, 539(7628), 180-186.

\- Marcus, D. S., Fotenos, A. F., Csernansky, J. G., Morris, J. C., & Buckner, R. L. (2010). Open access series of imaging studies: longitudinal MRI data in nondemented and demented older adults. *Journal of Cognitive Neuroscience*, 22(12), 2677-2684.

＊21 Eriksson, P. S., Perfilieva, E., Björk-Eriksson, T., Alborn, A. M., Nordborg, C., Peterson, D. A., & Gage, F. H. (1998). Neurogenesis in the adult human hippocampus. *Nature Medicine*, 4(11), 1313.

＊22 Raz, N., Lindenberger, U., Rodrigue, K. M., Kennedy, K. M., Head, D., Williamson, A., ... & Acker, J. D. (2005). Regional brain changes in aging healthy adults: general trends, individual differences and modifiers. *Cerebral Cortex*, 15(11), 1676-1689.

\- Gunning-Dixon, F. M., & Raz, N. (2000). The cognitive correlates of white matter abnormalities in normal aging: a quantitative review. *Neuropsychology*, 14(2), 224.

＊23 西道隆臣. (2016). アルツハイマー病は治せる、予防できる. 集英社新書.

＊24 Dani, M., Brooks, D. J., & Edison, P. (2016). Tau imaging in neurodegenerative diseases. *European Journal of Nuclear Medicine and Molecular Imaging*, 43(6), 1139-1150.

＊25 Bateman, R. J., Xiong, C., Benzinger, T. L., Fagan, A. M., Goate, A., Fox, N. C., ... & Holtzman, D. M. (2012). Clinical and biomarker changes in dominantly inherited Alzheimer's disease. *New England Journal of Medicine*, 367(9), 795-804.

＊26 Bredesen, D. (2017). *The End of Alzheimer's: The First Program to Prevent and Reverse Cognitive Decline*. Penguin.（邦訳：白澤卓二［監修］. 山口茜［訳］. アルツハイマー病 真実と終焉――"認知症1150万人"時代の革命的治療プログラム. ソシム）

＊27 Wyss-Coray, T. (2016). Ageing, neurodegeneration and brain rejuvenation. *Nature*, 539(7628), 180-186.

\- Ohsumi, Y. (2014). Historical landmarks of autophagy research. *Cell Research*, 24(1), 9.

\- Zare-shahabadi, A., Masliah, E., Johnson, G. V., & Rezaei, N. (2015). Autophagy in Alzheimer's disease. *Reviews in the Neurosciences*, 26(4), 385-395.

＊28 Yaffe, K., Lindquist, K., Kluse, M., Cawthon, R., Harris, T., Hsueh, W. C., ... & Rubin, S. M. (2011). Telomere length and cognitive function in community-dwelling elders: findings from the Health ABC Study. *Neurobiology of*

注

*1 内閣府. (2016). 平成28年版高齢社会白書（概要版）. [http://www8.cao.go.jp/kourei/whitepaper/w-2016/html/gaiyou/index.html]

*2 Regalado, Antonio. (2016). Google's Long, Strange Life-Span Trip. *MIT Technology Review*. [https://www.technologyreview.com/s/603087/googles-long-strange-life-span-trip/]

*3 De Grey, A. D., Ames, B. N., Andersen, J. K., Bartke, A., Campisi, J., Heward, C. B., ... & Stock, G. (2002). Time to talk SENS: critiquing the immutability of human aging. *Annals of the New York Academy of Sciences*, 959(1), 452-462.

*4 De Grey, A. D., Baynes, J. W., Berd, D., Heward, C. B., Pawelec, G., & Stock, G. (2002). Is human aging still mysterious enough to be left only to scientists?. *BioEssays*, 24(7), 667-676.

*5 Hayflick, L. (1994). *How and why we age*. Ballantine Books.

*6 Blackburn, E. & Epel, E. (2017). *The Telomere Effect: A Revolutionary Approach to Living Younger, Healthier, Longer*. Grand Central Publishing.

*7 Blackburn, E. & Epel, E. (2017). *The Telomere Effect: A Revolutionary Approach to Living Younger, Healthier, Longer*. Grand Central Publishing.

*8 Christensen, K., Thinggaard, M., McGue, M., Rexbye, H., Aviv, A., Gunn, D., ... & Vaupel, J. W. (2009). Perceived age as clinically useful biomarker of ageing: cohort study. *BMJ*, 339, b5262.

*9 佐藤眞一. (2015). 後半生のこころの事典. CCCメディアハウス.

*10 Gratton, L., & Scott, A. (2016). *The 100-year life: Living and working in an age of longevity*. Bloomsbury Publishing.（邦訳：池村千秋［訳］. ライフシフト――100年時代の人生戦略. 東洋経済新報社）

*11 Kido, M., Kohara, K., Miyawaki, S., Tabara, Y., Igase, M., & Miki, T. (2012). Perceived age of facial features is a significant diagnosis criterion for age－related carotid atherosclerosis in Japanese subjects: J-SHIPP study. *Geriatrics & Gerontology International*, 12(4), 733-740.

*12 Christensen, K., Thinggaard, M., McGue, M., Rexbye, H., Aviv, A., Gunn, D., ... & Vaupel, J. W. (2009). Perceived age as clinically useful biomarker of ageing: cohort study. *BMJ*, 339, b5262.

*13 西道隆臣［編著］. (2011). ボケは40代に始まっていた――認知症の正しい知識. かんき出版.

*14 Fernandez, A., Goldberg, E., & Michelon, P. (2013). *The SharpBrains guide to brain fitness: How to optimize brain health and performance at any age*. Sharpbrains, Incorporated.（邦訳：山田雅久［訳］. 脳を最適化する――ブレインフィットネス完全ガイド. CCCメディアハウス）

*15 Singh-Manoux, A., Kivimaki, M., Glymour, M. M., Elbaz, A., Berr, C., Ebmeier, K. P., ... & Dugravot, A. (2012). Timing of onset of cognitive decline: results from Whitehall II prospective cohort study. *BMJ*, 344, d7622.

[著者]

久賀谷 亮（くがや・あきら　M.D. / Ph.D.）

医師（日・米医師免許）／医学博士。イェール大学医学部精神神経科卒業。アメリカ神経精神医学会認定医。アメリカ精神医学会会員。

日本で臨床および精神薬理の研究に取り組んだあと、イェール大学で先端脳科学研究に携わり、臨床医としてアメリカ屈指の精神医療の現場に8年間にわたり従事する。そのほか、ロングビーチ・メンタルクリニック常勤医、ハーバーUCLA非常勤医など。

2010年、ロサンゼルスにて「TransHope Medical」を開業。同院長として、マインドフルネス認知療法やTMS磁気治療など、最先端の治療を取り入れた診療を展開中。臨床医として日米で25年以上のキャリアを持つ。

脳科学や薬物療法の研究分野では、2年連続で「Lustman Award」（イェール大学精神医学関連の学術賞）、「NARSAD Young Investigator Grant」（神経生物学の優秀若手研究者向け賞）を受賞。主著・共著合わせて50以上の論文があるほか、学会発表も多数。趣味はトライアスロン。

著書に『世界のエリートがやっている 最高の休息法』『脳疲労が消える 最高の休息法［CDブック］』（以上、ダイヤモンド社）、『無理なくやせる“脳科学ダイエット”』（主婦の友社）などがあるほか、監訳・解説書にジャドソン・ブルワー『あなたの脳は変えられる』（ダイヤモンド社）がある。

■TransHope Medical（くがや こころのクリニック）
https://thmedical.org/
※「著者と行く 旅×マインドフルネス」などの情報もあり

■マインドフルネス・コーチングおよびグループ（日本からも参加できます）のご相談はこちら
moment@thmedical.org

脳が老いない世界一シンプルな方法

2018年9月26日　第1刷発行

著　者――久賀谷 亮
発行所――ダイヤモンド社
〒150-8409　東京都渋谷区神宮前6-12-17
http://www.diamond.co.jp/
電話／03･5778･7234（編集）　03･5778･7240（販売）
装丁――西垂水敦・遠藤瞳（krran）
本文デザイン―黒岩二三（Fomalhaut）
コミック――構成：此花あかり／作画：たなかしえ／制作：佐藤瑞江（トレンド・プロ）
製作進行――ダイヤモンド・グラフィック社
印刷――信毎書籍印刷（本文）・加藤文明社（カバー）
製本――ブックアート
編集担当――藤田 悠（y-fujita@diamond.co.jp）

ISBN 978-4-478-10357-9